HR工作笔记

——30年外企HR解密职场制胜之道

徐弘弢　张如欣 ◎著

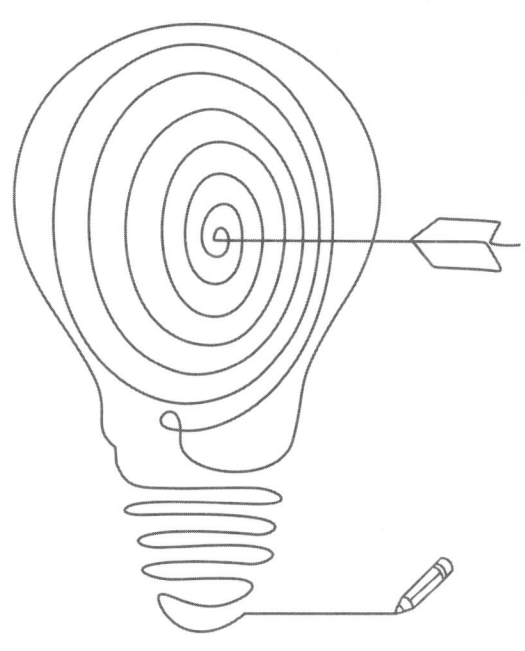

中华工商联合出版社

图书在版编目(CIP)数据

HR工作笔记：30年外企HR解密职场制胜之道 / 徐弘弢，张如欣著. —北京：中华工商联合出版社，2023.12

ISBN 978-7-5158-3824-3

Ⅰ.①H… Ⅱ.①徐… ②张… Ⅲ.①职业选择—通俗读物 Ⅳ.①C913.2-49

中国国家版本馆CIP数据核字(2024)第003576号

HR工作笔记：30年外企HR解密职场制胜之道

作　　者：	徐弘弢　张如欣
出 品 人：	刘　刚
责任编辑：	胡小英
装帧设计：	周　琼
排版设计：	水京方设计
责任审读：	付德华
责任印制：	陈德松
出版发行：	中华工商联合出版社有限责任公司
印　　刷：	三河市宏盛印务有限公司
版　　次：	2024年1月第1版
印　　次：	2024年1月第1次印刷
开　　本：	710mm×1020mm　1/16
字　　数：	180千字
印　　张：	16
书　　号：	ISBN 978-7-5158-3824-3
定　　价：	58.00元

服务热线：010—58301130—0（前台）

销售热线：010—58302977（网店部）
　　　　　010—58302166（门店部）
　　　　　010—58302837（馆配部、新媒体部）
　　　　　010—58302813（团购部）

地址邮编：北京市西城区西环广场A座
　　　　　19—20层，100044

http://www.chgslcbs.cn

投稿热线：010—58302907（总编室）

投稿邮箱：1621239583@qq.com

工商联版图书
版权所有　侵权必究

凡本社图书出现印装质量问题，请与印务部联系。

联系电话：010—58302915

推荐序

这本书为年轻的朋友们提供了从初入职场到未来职业生涯中获取成功的方法和实用技巧。

每年都有超过千万的应届生涌入职场，找工作不难，但找好工作很难。其实，好工作就在那里，但只给那些有准备的人。

从毕业到退休，职场的成功与否，怎么可能只有"找到好工作"这一个问题。与同事相处，在职场竞争中如何脱颖而出，赢得领导的认可？涨薪和晋升的门道都有哪些？跳槽和离职之际，如何做出明智的选择？

两位拥有三十年人力资源经验的HR管理人以其独特的洞察和深刻的感悟，娓娓道来，为你解惑，是你开启职场成功的金钥匙。

张杰贤

全职招聘集团 创始人、董事长

中华英才网创始人

中关村国际人力资源服务联盟 理事长

序 PREFACE

　　我与两位作者是人力资源领域的同行和朋友，从最初相识至今，已有三十余年。

　　二人当中，我认识如欣在先。20世纪90年代，在北京的外资企业成立了企业人力资源协会，定期交流和探讨一些热点问题。如欣是当时外资企业中几位最年轻的人力资源经理之一，她思维敏锐，乐于助人，行事风格职业、干练，让人印象深刻。

　　而与弘弢的交集就更为直接了。90年代初，我部门招聘新人，当时正在美国学习的弘弢报了名。我的上级是外国人，不常驻中国，当我把几个候选人推荐给他时，谈到弘弢在美国的求职申请，他问我，为什么？我说我也问过他这个问题，而弘弢给出的答案是"我愿意帮助别人"。我的上级深以为然，立即表态不必考虑别人了，说弘弢是干HR的料。就这样，弘弢从美国回到国内，我们成了同事。

　　在弘弢正式成为一名HR从业者之后，我的上级和我给予了他入行所需的职业辅导和相关培训。弘弢的领悟力、学习力都很强，加上工作认真努力，迅速成长为部门骨干和中坚力量，为随后的职业发展道路打下了坚实的基础，这也证明我的上级和我当初没有看错人。

之后这些年，我们在各自的职业路径上发展，但我一直和二人保持着密切联系，大家会经常坐在一起交流思想、分享收获、探讨所遇到的新问题和新挑战。他们两人不仅专业基础扎实、工作能力出色，思想还非常活跃，均是HR领域出类拔萃之人物。

时光荏苒，我本人从事人力资源工作三十余年，经历了从人事管理（Personnel Administration）到人力资源开发（Human Resources Development）转变的全过程，参加过各式各样的教育与培训，但我始终相信HR工作的根本属性没有变，那就是帮助员工与公司共同成长！

在我们的多次探讨中，我们都认为帮助员工成长的第一步，就是帮助一个新人找到适合他的职业发展方向、令其顺利地步入职场，并培养他所需的工作技能和正确的职场观，就如同当初我的上级和我帮助弘毅入行一样。对一名员工的成长和发展来讲，这是第一步，也是最重要的一步。

当他们二人将联手打造的书稿交到我手上的时候，我被他们一直秉持的助人初心和努力所感动，并为他们完成本书的创作感到由衷的高兴。

我在读这部书稿时，感觉非常真切和熟悉，字里行间，深刻地反映出他们对职场新人将要面对的问题和挑战，所做的准确把握和概括，并结合多年宝贵的工作经验和时代特点给出了他们的真知灼见。

在此，我非常荣幸地向各位读者朋友推荐这本书。这是一本经过实践检验，针对性强，并一定可以帮助到大家的指导工具书，特别是对那些即将步入职场的毕业生，以及刚刚参加工作的职场新人。

最后，祝每一位读者朋友都可以学有所获，职场发展顺利！

刘一民

前奇瑞汽车公司总经理助理

兼人力资源总监

作者自语

一个人在成长过程中，会不断地面对这样或那样的问题，遇到或大或小的挑战。只有在别人的帮助下，通过自己的努力，才能解决这些问题，战胜那些挑战。

离开学校，进入职场，是人生当中重要的一步。这一步走得扎实、顺利，会为自己在职业生涯中取得不断进步和成功打下坚实的基础。

基于所从事工作和个人的社会价值追求，一直以来，我们非常关注职场新人的成长之路，深知年轻的朋友们可能会遇到的各种问题和困难，理解他们在这个过程中内心所产生的迷茫、不安和焦虑等诸多情绪。所以，在工作上，我们从人力资源职能出发，为公司新员工的成长做出系统化的设计和组织安排，搭建满足员工成长所需要的工作环境；在生活中，结合自己累积多年的职场经验，为身边的小伙伴以及亲人、同学、朋友的孩子们，提供咨询、辅导和建议，帮助他们顺利度过这段关键时期。

同时，我们也意识到，还有许许多多我们并不认识的小伙伴也会遇到同样的问题，也一样迫切地需要帮助。在近几年中，我们充分利用短视频和文章等多种形式，通过知乎和视频号等平台将职场经验进行传播和分享，获得了很好的实践经验和反馈。

如今，我们将这些分享进行划分和梳理，以笔记的形式，做成了一个"职场新人装备"，或者"职场工具包"，方便新人上手，遇到问题，即查即用。

随着时间向前发展，新问题也会不断涌现，而且，我们认为这本笔记也不是单向和最终的，在得到更多读者朋友的反馈意见后，它会变得更加丰满和有生命力。如果读者朋友们就哪些具体的问题，有不清楚的地方，或者有不同的见解和意见，我们诚邀你前往知乎和视频号，关注账号"弘如"并留言讨论。

回想自己刚刚入行的时候，我们也曾遇到各种困难，经历过种种压力，所幸的是，那些更有经验的老板和同事给予了及时的指导，帮助我们渡过难关，不断进步。每当想起当年往事，都令我们内心充满温暖和感激。

如今，我们出版这本书稿，一方面，是为了帮助更多的小伙伴，另一方面，是为了回报和感恩那些曾给予我们帮助的老板、同事和前辈们，以及每一家曾经给我们提供成长机会的公司。

最后，非常感谢一直以来对该书的创作给予鼓励、支持、建议、指导和帮助的专家、工作人员以及亲人朋友们，他们分别是：刘一民、张杰贤、陶立新、陈兵、郑昕、徐萌扬等。

目录 CONTENTS

第一章

大学毕业，如何顺利进入职场

1. 大学生参加工作前，这些事越早知道越好 / 002
2. 把握好实习4个点，好工作任你选 / 006
3. 掌握7个点，好工作更有把握 / 010
4. 是否必须找和自己专业对口的工作 / 013
5. 新人最常见的求职误区 / 017

第二章

新人求职，什么样的简历HR最感兴趣

1. 招聘单位更愿意选哪些应届生的简历 / 024
2. 这样写简历，让HR在15秒内选中你 / 028
3. 在简历中凸显自己的优势和特长 / 032
4. 简历中最容易触雷的几个细节 / 035

第三章

面试之时，拿什么让面试官对你"一见倾心"

1. 先调查你应聘的公司是否靠谱 / 040
2. 面试当天，赢得面试结果的5个重要因素 / 044
3. 面试中，最能给面试官留下印象分的12个细节 / 048
4. 提高面试成功概率的7件事 / 052
5. 网络面试取得成功的7要素 / 056
6. 巧妙表达挫折给面试加分 / 060
7. 如何与面试官谈薪资 / 064
8. 如何回答面试官关于"为何离开当前工作"的问题 / 069
9. 如何告诉面试官，你未来3年的职业规划 / 073
10. 如何解释跳槽过于频繁 / 076

第四章

人在职场，赢得领导认可更能脱颖而出

1. 如何成为老板的心腹干将 / 082
2. 当领导放狠话时，如何机智应对 / 086
3. 如何汇报更能体现你的能力 / 090
4. 什么问题应该向老板汇报 / 095
5. 如何获得老板对你表现的真实反馈 / 099

目录

    6. 做好4件事，成就你和老板的良好关系 / 103

    7. 把握6个点，智慧地化解你和老板的矛盾 / 107

    8. 与老板沟通的正确姿势 / 111

第五章
同事相处，在竞争与合作中共同成功

    1. 如何面对工作中的意见和批评 / 118

    2. 和同事相处，遭遇这个忌讳怎么办 / 122

    3. 人在职场，如何正确与人合作 / 127

    4. 如何机智化解同事之间的矛盾 / 130

    5. 如何才能让自己更受欢迎 / 134

    6. 掌握5个点，让同事之间的竞争助你成功 / 138

    7. 同事变老板，如何应对更有利 / 141

第六章
涨薪与晋升，看破门道才能涨升有道

    1. 听懂领导常说的这些话 / 146

    2. 搞懂同工不同酬的真正意义 / 150

    3. 想涨工资？把握好4个时间节点 / 154

    4. 公司为何宁愿给新员工高工资，也不给老员工涨工资 / 158

5. 不和上司来往，工作能力强，会被提拔吗 / 161

6. 想升职必须做好的5件事 / 165

7. 什么样的人一看就是潜力股 / 170

第七章
那些职场成功要素，你都具备吗

1. 工作能力强的人都长这样 / 176

2. 为何很多能力强的人，却无法成为大领导 / 179

3. 为什么你还不是团队的核心员工 / 183

4. 那些工作越换越成功的人，有什么共同点 / 187

5. 什么样的领导值得下属追随 / 192

6. 哪些细节决定职场成败 / 196

7. 如何从团队中脱颖而出 / 201

第八章
直面挫折，调整心态才能逆袭翻盘

1. 对未来迷茫时，该做些什么 / 206

2. 如何活成内心渴望的模样 / 210

3. 感觉撑不下去时，如何实现反转逆袭 / 212

4. 被炒鱿鱼之日，也是职场新机遇开启时 / 216

5. 变失误为成功助力 / 219

第九章

如何跳槽，才能实现利益最大化

1. 当这4种情况发生，必须跳槽 / 224

2. 打死不能跳槽的5种情况 / 228

3. 离职时，领导不让走怎么办 / 232

4. 在一家公司待够5-10年的人，最后都怎么样了 / 235

结语 / 240

第一章
CHAPTER 1

大学毕业，
如何顺利进入职场

1

大学生参加工作前,这些事越早知道越好

我认识Kevin时,他刚从美国学成归来,加入一家著名的房地产公司当管培生,他正在不同的管理部门轮岗,对自己的职业发展有些迷茫,他认为,因为是轮岗,自己不属于任何一个部门,因此,没有部门会下功夫认真培养自己,日常做的都是一些打杂的活计,担心这样下去,白白浪费自己的时间,而且,不利于自己的职业发展。

从那以后,有大概有一两年的时间,断断续续地,我会接到Kevin的电话,讨论基本围绕着职场新人普遍会遇到的一些问题,我们一起找出可行的解决方案。

像Kevin一样,很多大学生在进入职场的前期,或多或少,都有不适应的感觉。根据和Kevin的沟通,以及在日常工作中,对职场新人的观察,我认为有7件事,非常重要,越早知道越好,它可以帮助小伙伴们减少困扰,规避问题,尽快走上职业发展的快车道。

1. 学校和工作单位是不一样的

作为应届生,学校和工作单位是不一样,因为你的角色不一样。

在学校,你的任务就是学习,只要学习好,你就是一名好学生。在工作单位,除了掌握必备的知识技能,还必须完成公司为你制定的业务目标,这才是公司聘用你的目的。

在公司,你和老板虽然级别不一样,但都是公司的员工,大家都要为自己的表现负责,老板不是你的家长,他也没有义务容忍你的缺点和过失。

2. 做好杂活和小碎活

作为学生,无论你曾经多么优秀,都只能说明过去,当你走进职场,一切都要从头学起,所有人都是你的老师。所以,放下你的骄傲,以谦虚的态度从最基础的工作做起,因为,这正是你应聘的工作,与你的经验和能力相匹配。

不要小看这些杂活和小碎活,它们不仅是你未来发展的基础,同时,也是其他人,特别是领导观察你的渠道。只有将手中的工作做好,你才会获得他人的信任。没有人,会将重要的工作,交给连初级工作都做不好的人。

3. 为自己的职业发展做好规划

Mark Hurd是一位非常成功的企业管理者,他曾经在NCR、HP和Oracle担任全球CEO。作为一名应届生加入NCR时,年轻的Mark站在公司的前台，对一起加入公司的小伙伴们豪言壮语道："我要成为这家公司的CEO。"这么大的口气，估计当时很多人不以为然。然而，40多年后的今天，与Mark一起站在公司大堂的那些同学们，有多少可以和Mark比肩呢？

当你进入职场以后，一定要有意识地规划好自己的职业发展之路，设立明确的目标和具体的实施计划，一步一个脚印，只有这样，在遇到问题和失败时，你才不会被眼前的挫折打败，知道自己在坚持什么，只有这样，你才有可能成为别人口中的传奇。

4. 不要害怕问题和失败

没有谁的职业发展是一帆风顺的，磕磕绊绊、跌跌撞撞才是常态，这一点，对于每一个打工人都是一样的，包括你老板、老板的老板、公司CEO，职位越高的人遇到的问题和挫折越多。了解到这一点，办公室里的那些烦心事，是不是也没那么糟心了。

问题和挫折很像学校里的那些大小考试，有些问题没见过，回答不出来，这在一个人的成长过程中，是再正常不过的事，它们存在的意义就是，帮助你学习新的本事，成为更厉害的人。

5. 给自己多找几个好老师

当小伙伴们进入职场以后，建议给自己多找几个好老师，遇到大事，多听听他们的意见，让智者的智慧为你的职业发展保驾护航。

6. 建立自己的人脉资源

混职场离不开人脉资源，人脉资源越好，职业发展越成功。

人脉不是歪门邪道，也不是违法乱纪，它是小伙伴在职场上求发展必需的资源，它的意义就在于知识互联，帮助孤独弱小的我们，链接到海量的信息，遇到更多意想不到的机会。Meta创始人说：我们都从我们的社群中获得意义。

建立人脉资源的重点不是你认识多少人，而是你对多少人有价值，因为，互惠互利，价值交换是建立人脉的基础，所以，你分享得越多，帮助的人越多，你的价值就越高，你的人脉就会越广。

7. 不要频繁跳槽

频繁的跳槽，对你的职业发展只会产生负面影响。

首先，一个新人如果希望成为业务骨干，起码需要3-5年的卧薪尝胆。一年换一个地方，很难真正掌握独当一面所需要的本领，更不用说做出什么成绩了。频繁跳槽的背后，可能还有个性不成熟、能力欠佳，或者工作态度不端正等这些问题。无论具体情况是什么样的，面试官们一概不喜欢跳槽频繁的简历。

不要用跳槽来逃避问题。职场上有一些问题是常见的，而且，每个人都会遇到。这些问题就像学校里的练习题，遇到了，学会了，掌握了，就变成了你的职场竞争力。而逃避，对你的进步所起的作用，却是恰恰相反的。

从大学到职场确实是一个巨大的转变，同学们在进入职场之前，应当通过各种渠道尽量多地收集相关信息，武装自己，即使不能做到万无一失，起码也可以有一个基本概念，让自己的职业发展赢在起点。

2

把握好实习4个点，好工作任你选

Charlie的专业是计算机，找工作的目标就是互联网大厂，上大学时，他就有目的地找互联网公司实习。"作为实习生，大部分工作就是打杂，比如复印、寄快递、信息录入，等等。有时，他也被允许参加团队的业务会议。当时也不觉得学到了什么东西。直到毕业找工作，一家互联网公司的考题是，要求应届生出一份替平台拉新的建议书，我这才意识到，自己在不知不觉中学到了很多东西，写那份建议书时，全都用上了。"Charlie以优异的成绩顺利地被这家互联网大厂录用，现在已经成功地晋升为业务骨干。

大学生实习很常见，但是，小伙伴们，你真的知道实习和职业发展的关系吗？你真的知道如何通过大学期间的实习，顺利地找到一份自己心仪的工作，使自己的职业发展更顺利吗？很多大学生实习是实习，找工作是找工作，没有把这两者结合在一起，结果是，白白浪费了实习机会，对找工作一点帮助也没有。

Charlie根据自己的经历，总结了下面4个实习要点，希望更多的小伙伴可以通过高效的实习，顺利地找到自己心仪的工作，让自己的职业发展有一个完美的开端。

1. 搞清楚自己喜欢做什么工作

很多大学生并不十分了解自己喜欢干什么，实习就是一个很好的机会，可以帮助你找到自己喜欢的工作。

你可以列出来自己可能感兴趣的工作领域，再去找到可以提供实习机会的公司，逐一尝试。

很多公司都会给大学生实习的机会，招聘的信息通过招聘网站，或校园网发布，如果你有实习的想法，可以通过高年级的学长了解到这些渠道的详细信息。

2. 增长未来工作需要的经验

在毕业前，大学生的主要活动范围是在校园内，对公司的了解基本来自影视作品。实习是一个很好的机会，帮助大学生真实感受职场氛围。

在实习前，你需要搞清楚自己实习的目的，在这个基础上，再去应聘相关的岗位，才能使自己的实习更有重点，收获更大。比如，毕业后，你希望成为一名律师，你能找到律所实习当然再好不过，如果你只能找到一份文秘工作，负责信息录入，因为你清晰地知道自己的职业目标，在这次实习过程中，无论做什么，都会留心积累作为一名律师所需要的工作经验。比如信息录入，可以提升办公软件的使用和信息归类能力，这两项能力对于初入职场，有志于通过法律弘扬人间正义的小伙伴们是必备的。

如果你也不知道自己的实习目的是什么，可以去找有经验的人聊一聊，比如，学长、家长、朋友、同学，甚至专业人士等等。

大学期间有几个假期，一定要好好利用，不要浪费。比如，你在大学一年级可以选择的实习机会和二年级就不太一样，因此，需要好好规划，有效利用不同阶段的假期尽量多地积累经验，这样可以为你将来进入职场打下一个很好的基础。

3. 让实习帮助自己找到一份好工作

有的大学生，在毕业的时候还不太清楚自己想做什么工作，要花几年的时间去感觉、调整，使毕业后最初几年过得比较迷茫。

其实，如果好好计划，通过实习，你基本可以确定，自己感兴趣的工作领域，这个选择最好在大学四年级前完成，越早越好。

因为大学四年级基本就是找工作的阶段。在大学四年级的第一学期，你最好在目标公司的目标部门找一份实习工作，好好表现，争取在毕业后顺利地留在自己心仪的工作岗位上。

在市场上，有的公司会有成熟的机制培养实习生，同时，为表现好的实习生提供就业机会。但不是所有的公司都会有这样的招聘机制，因此，在大学四年级找实习机会的时候，最好选择那些可以为应届生提供工作机会的公司。我所在的公司就属于这一类，找到好的实习生，最后吸引他们留下来，是这家公司HR的常规工作。

4. 实习需要关注的重要事项

找一家靠谱的公司实习。Charlie去过一家孵化小微企业实习，活不少，干了一个月下来，却没有给他们实习工资。有的不良公司利用大学生没有社会经验，反过来还会收取实习费用。避免吃亏的最好办法，就是找靠谱的大公司实习。

不要嫌弃实习工作简单。因为没有太多的工作经验，公司不可能把复杂的活派给实习生，但这并不意味着，学不到东西。

保持认真的工作态度。比如，不迟到早退，着装保持和实习环境一致，对工作严肃认真。实习的过程也是用人单位考察实习生的过程，好机会随时可能出现，但也只是为时刻准备着的人。

主动找活做。不仅可以多多锻炼自己，还会给自己挣来周围人的好感，这份好感就是未来职场的机会。

交朋友保持联系。人脉和社会资源就是这么一点一点建立起来的。

总之，如果你毕业后的计划是直接进入职场，最好在进入大学后，有一个整体计划，利用好每一个假期，每一次实习机会，积累经验，争取在毕业的时候，顺利地找到一份自己喜欢的工作，为自己的职业发展开个好头。

3

掌握7个点，好工作更有把握

David从美国毕业回国，父母在一家著名的证券公司帮他找到了一份分析师的工作，他很犹豫，一方面，证券公司听起来很光鲜，CBD写字楼、西服革履、高收入，这些联想对于一位应届生来讲，很有吸引力。另一方面，David在美国最好的烹饪学院学习了4年烹饪和餐饮管理，自己又很喜欢厨艺，他的理想是成为一家米其林餐厅的主厨……

找工作是个技术活，一个工作是好还是不好，完全因人而异。你看到有的人职业发展顺利，除了他们在工作中付出很多的努力外，最为重要的原因之一是，他们选择了正确的工作岗位。那么，什么样的工作是正确的选择呢？

1. 首先，这个工作应该是适合自己的

比如，你从小就动手能力强，你妈经常在朋友圈晒你的各种小发明，你思维发散，不喜欢循规蹈矩，设计专员就比算工资查考勤的HR助理更适合你。

"如果我没有什么突出的特点，如何判断适合与否呢？"有一些比较专业的方法，在找工作之前，基于你的性格特点，通过科学的分析帮

助你做出判断。

2. 这个工作应该是自己喜欢的

喜欢是做好事情的前提，即使不知道自己喜欢什么工作，判断起来也没有那么复杂。

很多人不知道自己喜欢什么，但非常清楚自己不喜欢什么，特别是，对于没有工作经验的同学，这种现象很普遍，也很正常。

如果你知道自己不喜欢什么工作，在选择时，可以排除那些不喜欢的，找到和自己的兴趣爱好更接近的工作，再加上影响工作选择的其他重要因素，比如工作环境、工资待遇等，基本就可以做出正确的判断了。

现实世界里的真实故事是，大部分人对工作的喜欢，是在日积月累的相处中培养出来的，基本是先结婚后恋爱的故事情节。

3. 这个工作应该是有发展前途的

比如财务，职位由低到高，如果你有事业追求，随着年龄和工作经验的增长，你在人才市场上会越来越有竞争力，职位和收入也会越来越高。

再如，公司内部是否有各种类型的培训机会，员工是否有职业上升空间，这些信息通过面试就可以获得，如果面试官忘了说，你也可以在提问环节当面咨询，这绝对是一个高大上的加分题，面试官回答时的态度和内容也可以帮助我们做出判断。

4. 这份工作可以提供有竞争力的工资和五险一金的社保

柴米油盐是每一个人最基本的需求，样样都需要钱，只谈理想不谈薪酬福利待遇的工作，不是好工作，要么是公司不够正规，要么是没支付能力，不建议刚刚进入职场的小伙伴们去这类公司增长人生阅历。

5. 这个工作应该是被市场大量需求的

我们再以财务为例，几乎所有的机构都会需要财务人员，低中高的职位都是如此，所以，在招聘市场上，财务的岗位就比较多。

再比如，互联网以及它所相关联的行业，现在以及未来，人才的需求量巨大，比如产品经理、运营、IT工程师、数据分析、网页设计、物流管理、司机、理货员、调度员、仓库管理员，等等。

对于个人而言，选择一份市场需求量大的工作，规划好自己的职业发展路径一步一个脚印，从低到高，积累自己的经验，把自己培养成抢手货，这样，哪里还有什么35岁危机，谁还会担心大厂裁员，东边不亮西边亮，永远也不愁没饭吃。

6. 你所选择的公司应该处于上升期

衰退期公司的特点是，业务萎缩，员工数量减少，公司规模缩小，在这种情况下，员工不仅没有发展机会，随时都可能被炒鱿鱼。

反之，业务处于上升期的公司，业务增长，员工数量增加，公司规模扩大，在这种情况下，只要努力，员工就可以和公司一起发展壮大。

7. 行业很重要

行业的兴衰直接影响着个人的职业发展，最好不要选择夕阳产业，避免让自己的努力白白地打了水漂。

那么什么是朝阳行业，什么是夕阳行业？影响行业兴衰的因素那么多，作为非专业人士，如何做出不耽误自己发展前途的选择呢？小伙伴们可以选择那些长青行业，也就是，只要地球上有人，这个行业就会存在，比如，教育、医疗、物流、金融、制造业、律师、娱乐、交通运输、餐饮，等等。

把握好以上6个要点，慎重选择自己的工作岗位，你的职业发展之路才有可能从顺利走向成功。

4

是否必须找和自己专业对口的工作

大学生在选择就业方向时，是否要找和自己专业对口的工作是一个常见的问题。这个问题关系到大学生在校期间的社会实践及就业准备，更会影响到毕业时的工作选择和今后的职业发展。

对每一名即将步入社会的大学生来讲，这个问题没有"是"或

"否"这样的标准答案，而是要根据每个人的具体情况和其职业发展目标进行综合考量后做出相应选择。

基于多年工作中的观察和总结，我建议大学生在决定是否追求与专业对口的工作时，可以从以下三个维度进行考量和评估：

1. 个人兴趣

大学生在选择就业方向时，首先应该考虑的是自己的个人兴趣和热情。在职场上，那些业绩突出的佼佼者大都是对自己所从事工作非常喜爱、充满热情，同时又具备相应的专业知识和能力的人。决定一个人在职场上走多高、走多远，个人兴趣和热情所起作用要大于其专业因素。

一般来讲，大学生通过在校的专业学习，接受了本专业的基础训练、学到了专业知识，掌握了一定的专业技能。毕业后如继续从事专业对口的工作，意味着能够应用自己在大学期间所学到的知识和技能，与本专业领域继续保持密切联系。这对于那些对自己的专业非常感兴趣、并希望在该领域进一步发展的学生来说，与所学专业对口的工作会更具吸引力。这样的工作可以让他们在工作中发挥自己的专业知识和技能，并有机会不断学习和成长，成为行业中的佼佼者。

但是，要特别注意的是，如果把追求专业对口作为就业时工作选择的唯一路径，可能会错失在其他领域的机会。有时候，一个人的兴趣和潜能可能超越了所学专业的范畴，而这些兴趣和潜能有时是当事人自己都不完全清楚的，对于这些大学生来说，如果清楚地了解自己的兴趣及专业能力外的特长，他们完全可以通过探索多样化的职业发展路径，寻找与自己兴趣和能力更好匹配的工作。

我熟识的一个小伙伴，大学时就读于北邮通信工程专业，在第一次大学暑期实习期间，他发现他对市场营销抱有浓厚的兴趣，在随后2~3次的实习机会中，他都努力申请并争取到不同公司的市场或运营类实习岗位。毕业时，通过几轮面试，拿到某大厂的管培生offer。在几年的工作中，他一直从事与市场及运营相关的工作，业绩突出。作为业务骨干，他不断被委以重任并屡次获得提升，如今已经成长为公司的中层管理人员。

2. 就业竞争力

大学生在做就业准备时，第二要考虑的是通过积累相关工作经验增加自己的就业竞争力。

大学生在大学期间的工作经验大都是通过实习及项目机会获得的。对于大多数学生来说，实习及项目机会是与所学专业对口或直接相关的，这些工作经验可以增加大学生的就业竞争力。

企业在招聘大学生时，更倾向于招聘那些有相关专业经验的候选人，因为他们能够迅速适应工作环境，满足岗位要求，为公司带来价值。专业对口的工作经验可以展示学生在相关专业的实际工作能力和应用所学知识的能力，令他们在求职过程中脱颖而出。

除了直接与专业对口相关的工作经验，大学生还要更多地争取其他机会增加自己的就业竞争力，同时发现和培养自己的兴趣及能力，比如学生会工作、校外兼职、志愿者工作，以及社团活动，这些经历可以增强学生的社会经验，开阔视野，培养和提升本专业之外的学习能力、适应能力、沟通能力和团队合作能力，这些不仅十分有利于大学生步入社会后的长远发展，同时对于那些考虑全面培养企业人才的用人单位来说，也都是极具吸引力的。

3. 职业发展路径

除了考虑个人兴趣和就业竞争力，大学生还必须要综合考虑自己的职业发展路径。在这里，有两点要特别引起注意。

其一，因为不同职业领域对专业对口的要求有所不同，对于某些职业，与专业对口的工作可能是迈向更高级别职位的必经之路。所以，在确认了自己的兴趣、职业目标的基础上，对于是否选择专业对口的工作，职业发展路径也是重要的考虑因素之一。

其二，专业领域前景和人才市场供求关系。在校期间，大学生要密切关注本专业的发展前景和人才的市场需求。在校期间，要通过各种资讯渠道了解专业领域的发展动向和趋势，多与已经步入社会的学长、学姐们联络沟通，通过他们获取第一手的市场就业信息。

伴随国家整体的经济形势、产业发展策略，以及科技发展方向等因素的影响，有些专业可能存在就业市场需求不足或行业发展不稳定的情况，这时候，与专业对口的工作可能会面临更大的挑战。在这种情况下，大学生可以考虑拓宽就业范围，在大三，甚至大二时就提早做一些相应准备，包括知识、技能和经验储备，探索其他相关领域的机会，以增加就业的机会。因为市场上有许多职业并不要求专业对口，这些职业更看重人才的综合能力。

大学生通过在校学习，一方面获得了所学专业的专业能力，更重要的是，通过大学四年的学习，大学生掌握了很多的通用能力，比如学习能力、理解能力、逻辑判断能力、书面及语言表达能力等等。大学生在校期间，除了本专业领域，还要尽可能多地尝试其他相关领域的工作机会，锻炼和培养自己的其他能力，比如领导力、沟通能力、团队合作能力，探寻与自己的兴趣和能力更好匹配的工作可能性。基于此，才有可能在工作的应聘和选择上对以上三点做出全面和客观的考量。

总之，对于一名大学生来说，职业发展是一个长期持续的过程，工作经验和技能的积累是逐步实现职业目标的重要步骤。开放心态、通过不断尝试和探索，持续学习、积累经验，根据自己的职业目标不断调整和发展，最终实现成功求职，达成令自己满意的职业发展目标。

5

新人最常见的求职误区

在多年的实际工作中，我观察到许多职场新人，特别是即将步入社会的大学生在求职过程中会犯一些常见的错误，这些错误如不加以避免，会直接影响到他们的求职成功率。

以下将详细讨论几个职场新人在求职过程中最常见的误区，并给出相应建议，帮助他们避免这些错误，从而提高求职成功率。

1. 缺乏明确的职业目标与职业规划

许多新人在求职过程中犯的最常见错误是缺乏明确的职业目标和职业规划。

可能是大学期间一直忙于学业，也可能是缺乏对本专业之外其他工作领域的探索和尝试，除了与本专业直接相关的工作领域，他们无从比较，对自己的未来缺乏深刻和清晰的思考，对自己发自内心喜欢和想要从事的工作领域并不十分确认。

因为没有深刻和清晰地思考过自己的职业方向和目标，也就导致自己的职业规划是模糊的。这就造成他们在求职时没有明确的方向和策略，简历内容缺乏针对性，面试准备不充分。而企业的招聘人员在评估应聘新人时，除了基本的专业背景外，一定会选择那些在简历上和面试环节体现出具有清晰职业目标、准备充分、充满热情的应聘人选。

针对这个很大可能出现的职场新人误区，我给出如下三点建议：

第一，职场新人，特别是大学生要提早通过实习等途径对本专业领域或者其他相关领域的真实工作场景多做了解、探索和尝试，只有做了真实和直观的了解，有了比较，才能做出准确的判断；

第二，职场新人基于自己的亲身经历和所收集的信息，在求职之前要花时间和精力深入思考自己的兴趣、技能和职业发展目标，清楚了解自己的优势和短板，明确自己希望在哪个领域发展，制定出相应的职业规划。

第三，如果自己在完成第2点时有困难，可以借助外部专业资源，找专业的职业规划师或者有经验的人力资源顾问帮助自己做梳理，再经过自己的思考和确认，明确职业方向，制定相应规划。

通过以上三点，职场新人可以围绕自己的职业目标更有针对性地搜索和申请与自己目标相符的工作机会，并在面试时清晰地表达自己的职业目标和发展意向，从而赢得面试官的正面评价，提升应聘成功率。

2. 缺乏对职场的认知及进入职场的准备

职场不同于学校，有完全不同的规则和要求。进入职场，必须要对职场有基本的了解和认知，并根据这些了解和认知做相应充足的准备，只有这样，才有可能在求职过程中赢得用人单位的认可，顺利拿到OFFER。

对于工作或实习经验少的大学生或职场新人，如果对于职场的环境及职场规则是陌生的，在简历投递和面试等求职环节，因为不了解职场要求，缺乏对职场的认知，也就不能做好相应充足的准备，这样的求职非常容易在与其他候选人的竞争中处于劣势而被淘汰。

为了避免出现这个短板和误区，我给出以下两点建议：

第一，了解职场最有效的方式就是实习。大学生一定要利用好几个寒暑假及学校安排的校外实习时间，在企业、公司或社会机构中实习，了解在职场中会怎么开、报告怎么写、工作如何汇报、着装规范等等，这些对于新人了解职场将起到最直接的帮助。

第二，多与职场前辈沟通学习。了解他们在职场中的工作内容，他们离开学校后的心得体会，他们走过的路、遇到的雷，这些心得分享对于新人了解职场，做好相应准备也是十分宝贵的。

3. 忽视自我营销的重要性

自我营销是求职成功的关键要素之一。然而，许多新人在求职过程中忽视了自我营销的重要性。在简历上以及面试环节，缺乏提炼，不能充分展示自己的优势和特长，无法有效地吸引面试官的注意力。

很多新人在简历中只是简单地列出自己的教育背景、所学课程、工作实习时间，但完全没有突出与职位要求相关的技能，以及在各段实习、项目，以及工作中所担任的职责、个人所起到的作用，以及工作或项目所取得的成就、获得的相应评价等等，而这些内容才是营销自我，给面试官留下深刻印象的关键点。

为了克服这个误区，我给出以下建议步骤：

第一，应聘前，应该仔细研究目标公司和职位要求，然后将自己的技能和经验与之匹配；

第二，在简历和面试中积极、客观地展示自己的成就、优势和特长。比如，使用确凿和有说服力的动词描述自己所起的作用，用量化的数据来展示自己所取得的成就，通过这些途径吸引雇主的注意力。

第三，在面试中，职场新人应该根据自己的简历，准备好有代表性的具体事例，说明自己在过去的工作或实习中所承担的职责、起到的作用，以及取得的成就和收获的经验。

4. 对薪资的合理预期

新人在应聘时，常犯的另一个误区是要求过高的薪资。在应聘时，因为缺乏对目标行业和职位薪资水平的了解，导致自己的薪资期望过高，从而影响招聘方做出聘用决定。

为了避免这个误区，我的建议是：

职场新人在应聘前应对市场的薪资水平作简单调研，了解目标行业和职位的薪资水平。可以通过知乎、各招聘网站以及从业的学长学姐处获取相关的薪资信息，再根据自己的教育背景、技能和经验，合理地调整自己的薪资期望。对薪资的预期既要考虑市场水平，又要满足自己的经济需求和职业发展目标。只有这样才能更容易与用人单位在薪资问题上达成一致。

新人在求职过程中，除了以上四个常见误区，一定还会遇到其他的问题和挑战，所以，在求职过程中的持续学习和改进也是至关重要的。通过不断地总结、反思和调整，新人们一定可以不断提高自己的求职能力和职业竞争力。

第二章
CHAPTER 2

新人求职，
什么样的简历 HR 最感兴趣

1

招聘单位更愿意选哪些应届生的简历

有许多应届毕业生联系我，说自己一直在学校念书，没有工作经历，简历上都应该写些什么，怎么写才能获得招聘单位的青睐，今天咱们就一起来解决这个问题。

招聘单位在审阅应届毕业生的简历时，会重点关注4大信息，写简历时抓住这4个点写，你的简历就会吸引住招聘单位的目光。

1. 专业和院校

招聘单位首先关注的一定是求职者毕业的专业和院校。

一般情况下，招聘单位会对专业与招聘岗位相一致或接近的简历感兴趣。

有些招聘单位的岗位和某些院校的专业匹配度比较高，它会定期去这些院校作校园招聘，除此之外，招聘单位的院校偏好一般没有那么突出。

如果你在学校学过的课程，或者听过的讲座，和应聘岗位的要求有一致的地方，一定要清晰地展示在简历上，这说明你对这个要求是有概念的。这就比单纯写出专业名称更有优势，因为，咱不能要求负责搜索简历的小伙伴们，对所有大学所有专业的详细内容都了如指掌。

在专业和院校确定的情况下，大学生可以做的是尽量投递和自己的专业一致性比较高的岗位，这可以大大提高简历投递的命中率。

2. 实习经验

实习经验也是招聘单位重点关注的信息。

很多大学生都有实习经历，或参加过学生会工作，这一点非常重要，你可以将应聘岗位的要求和自己的实习经验结合起来写，不要脱离应聘岗位的要求去写简历。

那问题就来了，如果实习经验刚好和应聘岗位要求一致，当然没问题，但是，不一致的时候怎么办呢？

比如，我想应聘人力资源助理，但我唯一的实习经历，是在一家语言学校，参加过这所学校的市场推广活动，如客户信息录入、打邀约电话和发放宣传页，等等，如何将这个实习经历与人力资源助理的要求相匹配呢？

下面，我们以人力资源助理的3项岗位要求为例：

第一个要求，能熟练使用office办公软件。

因为你的实习经验中有客户信息录入，所以，咱们在简历上就可以说，"通过整合目标客户信息，进一步锻炼了我的office办公软件的操作能力，达到熟练使用的水平，使我能够快速准确高质量地完成所有被指派的工作。"

第二个要求，作为人力资源助理，沟通能力必须强。

你可以结合打邀约电话的经历，说"共计拨打邀约电话给100位目标客户，其中20位如约到场参加了活动，到场率超过预期目标。通过这项工作，我学习到，在沟通过程中，如何快速准确地抓住对方关心的问题，达成预定的目标，这使我的沟通能力在很大程度上得到锻炼，获得了进一步的提升。"

第三个要求，要具备自我成长的能力。

你可以结合宣传页发放，说"通过我发放的1000张宣传页，成功邀请到100位目标客户到场参加活动。通过这项工作，我的抗压能力获得大大提升。从第一天，站在人来人往的大街上，不知如何主动和陌生人打招呼，遭遇拒绝和无视，没发出去几张，到最后按时按量地完成宣传页的发放，在这个过程中，不断调整自己，面对问题，我的内心变得更坦然和强大。"

从上面的例子可以看出，虽然实习时的工作岗位和应聘岗位不同，但它所要求的很多技能和技巧是相通的，抓住这一点，你就可以打造出与招聘岗位相匹配的简历。

3. 技能和兴趣爱好

如果你所具备的技能和兴趣爱好，对所应聘的工作岗位有加分作用，一定要展示在你的简历上。

比如，你应聘的工作岗位是在门户网站的体育专栏，而你酷爱足球，对足球世界的相关信息了如指掌，这一点一定要在你的简历上体现出来。

如果你喜欢读书，在大学4年读了1000本书，那也一定要体现在简历里。如果有的内容和应聘岗位有一致的地方，建议特别在简历上提出，让招聘单位知道你在这方面具备一定的知识储备。

4. 软实力

除了上面的信息以外，通过简历，招聘单位也会观察候选人的软实力。

大学生候选人是否阳光自信，思路清晰，表达清楚流利，最为重要的是踏实肯干。

因此，大学生应该注意通过简历传递这些信息。具体该如何做到呢？

比如，突出你的学习成果，好的考试成绩、拿过的奖学金等，都可以通过简历告诉招聘单位。

再如，简历中的照片要干净整洁，女生不宜浓妆艳抹。

在简历开头处，你可以加上自己对工作的态度，像"愿意从最基础的工作做起，一步一个脚印，为自己的职业发展打好基础，同时为企业做出自己的贡献。"

在实习部分，也可以加上实习单位对你的评价，像"踏实肯干""阳光自信"等等。

最后，一定确保自己的简历简洁明快、思路清晰、表达清楚。

2

这样写简历，让HR在15秒内选中你

在大公司的人力资源部，负责招聘的HR小伙伴们压力是最大的，因为他们每个人要负责100个左右的招聘岗位，每个职位的到岗时间直接会影响他们的业绩考核结果，且每一个岗位，HR大概需要看1000份左右的简历才能找到合适的候选人，所以，效率和速度对负责招聘的HR特别重要。

在系统里，HR只会用15秒钟的时间快速扫描每一份简历，捕捉他们需要的重要信息，是否能在这15秒内成功吸引到HR的眼球，基本决定了，候选人能不能进入到面试环节。

那么，在这关键的15秒内，哪些是HR要捕捉的重要信息呢？如何让HR在眼花缭乱的无数简历中一眼就看到优秀干练的你呢？

1. 前3秒，抓住HR的眼球

这部分包括你的基本信息，姓名、年龄、照片、毕业时间、院校、专业。

好大学肯定赏心悦目。如果你毕业的院校没有那么好，没必要灰心丧气，有没有去过其他不错的大学听过课、参加过讲座，如果有的话，

也请写在简历上，关键词在简历的检索上，会起到吸引眼球的作用。

专业对于应届生，或者刚毕业不久的小伙伴们非常重要。如果你的专业背景与工作不对口，就去强调那些与应聘岗位相关的内容，比如学过的课程，参加过的培训、讲座，以及读过的书。总之，让HR知道，你确实有相关的知识背景，而不是小白一枚。

第一印象很重要。人人喜欢俊男美女，一定要选择一张给你加分的照片。照片上的你要干净整洁、阳光自信，清新脱俗风是女生的最佳选择，男生不要穿花衣服，戴耳环项链，胡子拉碴。第一眼的好感非常重要，特别是没有工作经验的应届生之间没有大的差别，好感的权重起关键性作用。

2. 中间10秒，留住HR的心

你目前的工作和前一份工作是关注重点。在这部分，HR主要会看：

（1）从哪一年到哪一年，你在哪家公司的什么岗位上工作过。

（2）每个岗位的工作内容及职责范围。

如果你在一家以上的公司干过，这部分要注意写出不同，且突出后面一份工作的内容比前一份更复杂、更高级，职责范围更大，也就是告诉HR你的职业发展上了一个台阶。

（3）每段经历的突出成绩。

除了日常工作以外，如果你负责过什么项目，这个项目不仅提升了工作经验和能力，还受到公司一定程度的认可，请记得都写在简历上。避免让简历看起来像流水账。

（4）有没有荣获什么奖项。

奖励是公司对你工作表现的态度，也是雇主跨越时空，直接告诉正在阅读简历的HR，这个候选人很不错。不要觉得这个信息没有用，更不需要不好意思假谦虚。

应届生的主要经历是读书学习，没有太多的工作经验，HR主要看什么呢？

第一，学习成绩

如果你的学习成绩好，必须在简历上秀一秀，看过的人一定会默默地点赞，为你争取到HR的好感。

如果你既不是传说中的学霸，也不是学神，更没见过奖学金，那就找出学业上让你引以为傲的那些点，比如你的英文口语好，或者某个考试你的成绩特别优异，等等。

第二，读过的书

如果你在大学4年读了1000本书，也请写在简历上，同时可以用1—2句话分享自己的读书收获，这就是在告诉HR，你不仅读了这些书，你还知道自己为什么读。

第三，实习经历

如果你的实习经历和应聘的岗位不同，不要慌，选择应聘岗位所需要的实习工作经验加以介绍即可。比如，很多实习生在公司都做过信息录入和整理档案的工作。如果你应聘的是HR助理，你可以说，信息录入帮助你提升了办公软件实际操作的能力，整理档案不仅让你有机会看到公司日常运营，还丰富了你的归类整合的经验，这两项都是HR助理必备的。

第四，社会活动

如果你当过志愿者，或者在学生会担任过职务，做过一些活动，也是很不错的实践经历。比如组织迎接新生，举办各种晚会，都会获得未来工作中需要的很多技能，像组织沟通能力、策划宣传推广，等等，这些经历，对于应届生找工作都会有所帮助。

3. 最后2秒，帮助HR下定面试的决心

写在简历上的信息一定要实事求是，且结合你所应聘岗位的工作内容和经验要求，让HR看过后，立刻产生这个职位非你莫属的感觉。

我们还是以应聘HR助理为例，你可以说：

（1）喜欢读书，这说明你追求不断进步，老板都喜欢追求上进的年轻人；

（2）吃苦耐劳，踏实肯干，具备这个特点的候选人，谁会不喜欢呢？

（3）讲原则，这是做好HR最重要的前提条件；

（4）善于与人沟通，HR本身就是一个专门和人打交道的部门，沟通能力不强的，就不适合这份工作；

（5）抗压能力强，是老板最喜欢的品质；

（6）熟练使用办公软件，是HR助理必备的能力。

这么亮眼的兴趣特点，可能会给人不真实的感觉，但是，和什么都没写，或者只写了"爱好读书、听音乐、踢足球"的简历比，HR更想和谁见上一见呢？

HR是通过简历上的内容寻找候选人的，如果小伙伴们认为自己适

合某一个工作岗位，就需要把自己的特点在简历上通过各种方式突出出来，除了上面提到的内容重点外，还可以使用下划线、加黑字体、改变文字颜色，甚至放大字体的方法，帮助HR轻松捕捉到她需要的信息，从而给自己争取到宝贵的面试机会。

3

在简历中凸显自己的优势和特长

找工作，简历至关重要。一份好的简历可以迅速吸引简历筛选者的注意力，为自己赢得进入下一轮面试的机会，距离应聘成功更近了一步。

一份好的简历除了格式排版清晰整洁，没有错别字、少字、缺字等硬伤外，最关键之处在于凸显自己的背景、经验和能力与招聘岗位要求的契合与匹配。

如何才能做到这点呢？请仔细看好以下几步。

1. 特定的岗位匹配量身定制的简历

投递简历切忌不同的公司、不同的岗位使用内容相同的简历。因为相同的简历很可能令你自身所具有的优势和长处不能凸显。你可能会想，我写简历自然会写出我的优势和长处了，但你可能没有意识到只有结合招聘岗位所需的优势和长处才是真正有用和有效的。

求职者在投递简历之前，要仔细研究招聘广告上岗位的职责范围和聘用条件，随后结合自己的背景和经验对简历做相应调整，突出自己在过往工作经历或所掌握技能上与岗位要求的适配性。

比如，你之前做过软件开发工作，也做过项目管理工作，那么你在应聘新的工作时，对于软件开发岗位或者项目管理岗位，你在简历中所突出和强调的经历和能力是要有不同侧重的。你要通过在简历中所反映的真实信息帮助招聘单位精准地了解到你的优势。这样定制化和有针对性的简历会帮助你从众多简历中脱颖而出，入围下一轮的面试环节。

2. 突出过往工作或项目中所起作用以及所取得的成就的关键描述

在准备简历时，除了列出以往的工作经历，在每一段工作经历中，一定要总结出3~5件主要成就或代表性事件。刚毕业大学生工作经历少，主要成就或代表性事件可以是在校期间的实习经历、社会实践、学校社团或学生会工作，等等。

在这些主要成就或代表性事件中，要说清楚做了什么事，取得了什么效果，对自己所发挥的作用，要以关键字如实具体地说明，让简历筛选者可以一眼就看出自己的角色，是主导？是骨干？还是一般参与者？这些关键词可以包括："主导""领导""组织""全面负责""主要参与"，等等。

另外，对于工作和项目所取得的成就，要提供具体描述，比如使用量化数据来说明自己的贡献，例如提高了销售额的百分比、节省的成本金额、新增客户数量、完成的项目数量以及项目品质，包括所获得的奖项等，通过这些数字和实例以证明自己的价值和能力。

结合以上，简单举一个例子，比如：对于一名大学毕业生，他在描述自己在学生会外联部的工作时，以如下描述证明了自己的能力：

"xxxx年，在xxx晚会项目上，独立开发和争取到xxxx公司市场部校园活动预算xxxx元。项目圆满完成公司所有品牌宣传的要求，受到学校和企业的高度认可和表扬。"

通过这样一个事件的描述，我们可以看到有时间、地点、任务、作用、效果等所有关键要素，全面客观地反映了该学生在这项工作上的能力，以及取得的成绩。

3. 突出自己背景与应聘公司业务相关部分

不同公司的业务是不一样的，要根据所应聘公司的业务对自己的简历做相应调整。比如，你的从业背景与应聘公司的业务相关（或是合作关系，或是竞争关系，或是上下游关系），你对应聘业务的理解或者是拥有相关资源，这都是你的优势，一定要在简历中突出体现出来。

4. 个人特质及简历的风格与应聘公司的企业文化相匹配

各个公司的企业文化不同。比如，生产制造型企业追求标准化，而互联网企业则需要开放创新，品牌公司需要时尚前沿，不同类型公司的企业文化差异很大。因此，你要根据所应聘企业的文化，在简历上，慎重传递信息，突出你个人特质中与企业文化相同的那些部分。另外，简历的风格也要与应聘企业的文化保持一致。

总之，一份求职简历包括求职者的知识及专业技能、工作经验以及个人价值观，通过对应聘公司岗位要求的仔细研究，对简历认真地调整和修改，不仅可以更加凸显自己的优势和特长，同时还可以反映出求职者对应聘公司的尊重，对应聘岗位的认真态度。企业的招聘人员在看到这份精心准备的简历时，可以体会到这份尊重和求职者的认真态度。这些对于求职者成功求职都是大有帮助的。

4

简历中最容易触雷的几个细节

简历是求职者在求职过程中使用的最重要的工具之一，它向用人企业展示了求职者的个人基本信息、教育和专业背景、相关技能和从业经验。

一份好的简历可以帮助招聘人员快速准确地收集到求职者的相关信息，令符合招聘岗位条件的求职者进入到下一轮面试环节。然而，一些自身条件符合招聘岗位要求的求职者，因为简历中存在一些常见的细节错误，从而严重影响了自身的形象，错失了应聘机会，这是非常令人惋惜的。

以下是简历中最容易触雷的几个细节，求职者在准备简历时要特别注意避免。

1. 简历一成不变，缺乏针对性

针对具体招聘岗位，简历是求职者向招聘单位呈现自我的第一步。对于不同的招聘单位、不同的招聘岗位，很多求职者的简历是完全一样的。他们的简历缺乏有针对性地调整，自身符合岗位要求的经验和特长未能在简历中如实反映出来，这是求职简历中最常见的问题。

为了避免这个问题，求职者在投递简历之前，要仔细研究招聘岗位的职责范围和招聘条件，并根据岗位职责和招聘条件，结合自己的背景和经验对自己的简历做相应调整，突出自己在过往工作经历或所掌握技能上与岗位要求的适配性。这样的简历会帮助自己更容易入围下一轮招聘环节。

2. 缺乏对职责作用、具体成就的关键描述

求职者简历中另一个常见的问题是：缺乏对过往工作或项目中所起作用以及所取得的成就的关键描述，导致简历给招聘者一种虚无的感觉。

求职者通常仅仅列出工作或项目经历，缺乏对主要成就的总结，没有具体说明他们在工作中所起到的作用、取得的成就和所做出的贡献。这样的简历很难吸引招聘者的注意力，因为他们无法了解求职者的实际工作能力和所取得的成果。

为了解决这个问题，求职者应该在简历中要以关键字的形式具体说明和突出在工作或项目中的作用，比如"主导""领导""组织""全

面负责""主要参与"等,方便招聘者一目了然。

对于所取得的成就,要提供具体描述,比如使用量化数据来说明自己的贡献,例如提高了销售额的百分比、节省的成本金额、新增客户数量、完成的项目数量以及项目品质,包括所获得的奖项等,通过这些数字和实例以证明自己的价值和能力。

3. 简历冗长,缺乏提炼

另一个常见的错误是简历过于冗长,让招聘者失去耐心和兴趣。通常,招聘者会花费很少的时间来审查每份简历,如果简历过长,可能会让简历筛选者失去兴趣。冗长的简历往往包含大量不相关或无关紧要的信息,使得求职者的关键技能和经验难以突出,并引起招聘者的兴趣。

为了避免这个问题,求职者应该精简简历,只保留与目标职位相关的信息。重点突出自己的关键技能和成就,使用简洁明了的语言进行描述。简历内容在一页或两页之间即可。

如果有作品集或重要的获奖证书复印件等,可以做成附件,方便招聘者查阅。

4. 错别字、缺字少字的严重影响

简历中的错别字、缺字少字是最常见的问题之一,这极可能给招聘者留下不专业、不认真或粗心的印象。这些错误表明求职者缺乏细心和注意细节的能力,这对于许多职位来说是不可接受的。这些错误可能会导致简历被直接忽视掉。

为了避免这个问题,求职者在提交简历之前要仔细检查和校对,也

可以在发送投递前，再请他人再帮助检查一下简历。

5. 简历格式不规范、个人照片不专业

简历要规范和整洁。选择一个简洁、清晰和易于阅读的简历格式。使用清晰的标题、段落和项目符号，以及适当的字体和字号，可以使简历更具可读性和专业感。以确保易于阅读和理解。

简历中的照片应该避免使用不专业或不恰当的照片，否则可能会给招聘人员留下不专业或不认真的印象。简历上应该选择一张专业的照片，穿着得体、面带微笑，展示自己的专业形象。

以上这些简历中的常见细节错误可能会严重影响求职者的形象和机会。求职者应该特别注意加以避免。

求职者通过确保简历的准确性、简洁性和专业性，可以提高自己的简历质量，增加成功的机会。此外，反复检查和寻求他人的意见也是提高简历质量的重要步骤。简历是展示自己的第一步，精心准备和修改简历将有助于求职者在竞争激烈的就业市场中脱颖而出。

第三章
CHAPTER 3

面试之时，拿什么让面试官对你"一见倾心"

1

先调查你应聘的公司是否靠谱

Chris是一名大四的应届毕业生,和其他同学一样,每天都在想着如何找到一份满意的工作。十一月的一天,她在网上看到一条消息,某高科技公司在一家酒店举办招聘会,她想着,能在酒店开招聘会的公司一定很有实力,马上决定去试一试。结果,Chris顺利地通过面试,当其他同学还在为工作焦头烂额的时候,她已经拿到了一份不错的offer。

转眼来到第二年的七月,Chris致电公司联系入职事宜,电话始终无人接听,她来到公司所在的写字楼,才发现公司的门是锁着的,没有开灯,已然人去楼空。这时,Chris才想起来上网搜索,结果发现这家公司因为资金链断裂早已经倒闭了。

在找工作的过程中,如何判断一家公司是否靠谱,避免经历Chris的挫折呢?

1. 查公司是否合法，有没有风险

能证明一家公司是否合法的重要指标，首先是工商注册。有没有工商注册代表着公司是否合法存在，而工商注册的内容会告诉你这是一家什么样性质的公司。

工商注册所需提交的信息，包括：经营范围、注册资本、法定代表人、注册地址、成立时间以及人员规模等。经营范围说明公司能干什么，注册资本和人员数量代表能干多大，注册时间当然是干了多久，将这些信息放在一起，你对这家公司应该就有个初步感觉了。

对于找工作的小伙伴来讲，企业可能存在的风险主要有两个：司法风险和经营风险。

司法风险在这里是企业有没有官司在身，是不是企业的问题，以此可以判断公司是否遵纪守法。

经营风险指的是债权债务风险，也就是公司会不会因经营不善而倒闭。

上面提到的所有信息，在网上基本都能查到，通常，我会使用天眼查APP，它可以一键式地帮助你轻松地获取上述主要信息。

2. 查公司的业务状况

公司的业务状况非常重要。这类信息，在百度上就可以查到，输入公司的名称，看看公司有没有发布最新的商业活动、新产品发布、营业收入的状况，等等。如果公司较大，也可以查到它在行业里的位置。

还可以去招聘网站，查查公司最近有没有招聘，有多少岗位，以及发布时间。招聘的人数多，发布时间近，且频繁，从某一个侧面告诉我们，该公司的业务是正常进行着的。

3. 查公司的企业文化是否适合自己

企业文化没有好不好，只有适不适合。小伙伴们需要先搞清楚自己适合什么，然后在整个招聘过程中去观察招聘单位，然后做出自己的判断。

比如，以销售为主的公司，就是狼性文化，体现在日常管理中，就是固定工资低，浮动工资高，卖出去的产品越多，收入就越高，工作时间属于弹性工时制，以客户的时间为准。这对于追求朝九晚五、生活和工作必须规律的小伙伴就不太适合。

再如，在面试过程中，HR小姐姐穿职业装，表现得特别专业、礼貌，这家公司很可能是管理正规，但做事按部就班，中规中矩。如果你追求的是开拓创新的工作环境，这里也许不是最佳选择。

4. 查公司是否为员工交了五险一金

五险一金是法定的公司对员工的基本福利保障，包括：养老保险、医疗保险、工伤保险、失业保险、生育保险和住房公积金。

这些福利对员工非常重要，有的公司为了减少成本，可能不缴，或者少缴。这会直接影响到员工的切身利益，同时暴露了公司对员工的态度，这会体现在工作的方方面面。

小伙伴在谈求职意向时，问问HR，每个月自己需要缴纳的五险一金是多少，通过自己需要缴纳的数额，基本就能搞清楚具体的情况了。

5. 查企业的工作环境是否友好

工作环境非常重要，小伙伴们每天至少8小时都需要在办公室度过，这里的人情冷暖会直接影响到幸福指数，因此，在求职时，一定要想办法查看该企业的工作环境是否友好。怎么查呢？

去求职论坛和社交网站看看其他人的评论。

留心观察公司员工的处事风格。比如，预约面试时，是否注意考虑候选人的方便；面试当天，面试官会不会迟到；谈入职日期时，是尊重已有的合同约定，还是强迫你马上入职；前台在接待访客时的态度是让人如沐春风，还是冷若冰霜。

6. 查员工是否有发展前途

小伙伴们可以在提问环节直接问面试官下面的问题，看看收到怎样的答复。

"我非常喜欢贵公司，也希望自己有机会能和公司一起成长，我能问问，这个岗位的职业发展路径是怎样的吗？"

"我觉得贵公司对员工非常重视，您能介绍下员工的培训发展机会吗？"

也可以查查公司的官网，有或没有相关内容，虽然指向不同，但都说明一定的问题。

公司是通过下面4个主要方式帮助员工发展的，小伙伴们在和面试官的沟通中，可以作为参考。

为员工安排培训课程，提高专业知识和技能。

安排员工参加项目，获得日常工作以外的经验。

调整员工工作岗位，通过不同的工作内容，获得更全面的工作经验。

扩大责任范围，也就是传说中的升职。

总之，在找工作的时候，查查公司是否靠谱是件非常重要的事，也许，小伙伴们不一定能获得上述的所有信息，但是，将所有可以查到的信息放在一起，也可以帮助我们做出基本的判断了。

2

面试当天，赢得面试结果的5个重要因素

朋友推荐小明（化名）的简历给我，说是客户的孩子，一直找不到工作，请我帮忙推荐，我和他约好周三上午10点在办公室见个面，目的是了解一下小明自身的工作经验和择业目标。

我将10：00-11：00的时间安排给了小明，11：00-12：00特意约了负责招聘的同事谈公司招聘岗位的进展情况，目的是看一看有没有适合小明的工作。

周三上午10：00小明没有出现，也没有接到他的任何信息，我拨打了他留在简历上的电话，接通后，他说在路上，大概10分钟后可以到，

10：15小明还没有到，于是我将11点的会推迟到下午。直到10：45才接到公司前台的电话，说："小明同学到了。"

小明没有因为迟到表达任何歉意，说路上堵车，走错了路，到楼下又花了些时间找停车位，所以到得晚了一点。那一刻，我有一点点明白为什么他一直找不到工作了。

面试官对候选人的考察是贯穿整个招聘过程的，从收到简历，直到候选人签订劳动合同入职，中间的任何细节都有可能影响到候选人的应聘结果。比如面试迟到就是大忌，它可能让面试官联想到候选人入职后的种种负面表现，进而作出对候选人不利的决定。那么，在面试当天，作为候选人，除了面试内容，还有哪些细节，会影响到面试的结果呢？咱们一起来看一看，千万不要让面试毁在这些细节上。

1. 保持良好的精神状态

提前作好安排，避免自己在面试的时间段被打扰。比如，请半天假，看似随意的，提前告诉老板和主要客户自己在这段时间不方便接电话。

面试前一晚，一定要保证睡眠的质量，不要熬夜。

面试当天，尽量保持心平气和，不要处理任何容易引起不愉快，或精神紧张的事情。

至少，从走进面试地点的那一刻起，始终保持阳光自信。心烦气躁、忧心忡忡都会影响面试的正常发挥。

2. 提前15分钟，到达面试地点

面试迟到，绝对是大忌，因为，面试官会根据这个信息，判断你，对应聘这份工作的态度、自我管理能力，以及你未来的工作状态。

一定提前规划好抵达面试地点的路线。

考虑到所有可能发生的问题，比如，堵车。

提前15分钟，到达面试地点后，去洗手间整理一下自己的仪容，看看镜子里的自己，调整好状态，从容地走进面试地点。

告诉前台你是谁，来访的目的和要见的人，同时，给通知你来面试的HR发一个信息，告诉对方你已经提前到了。这是一个加分动作，一定要做。

如果提前到达的时间太早，在周围找一个安静的地方，静静心，再提前15分钟到达面试地点。

实在不走运，真的遇到意外，可能迟到，一定要尽早地通知HR，让对方知道真实原因，一方面HR可以根据情况另做安排，同时也可以帮助你避免误解。

3. 着装得体

面试当天的着装，一定要干净整洁，不要过于休闲。面试，就是面试官观察候选人的过程，所以，在面试当天，候选人需要将自己调整至最佳状态，让面试官看到优秀干练的你。

根据应聘的岗位选择着装。男生，不一定西服革履，西裤衬衫也可以给人专业的感觉。我面试过一个大学生，他穿着大红的T恤，宽松的短裤和运动鞋来面试，着装虽然不会影响到面试的内容，但是会让面试官联想到，你在工作中是不是也是这样随性随意呢？

女生最好不要选择文艺范的服装，比如，过于鲜艳的色彩、大面积的花纹、宽松的长裙长裤，等等。白色衬衫加黑色长裤或西服裙是标准的职业装，也是加分的面试着装。

4. 美好的外观是送分题，一定不要白白浪费

女生可以化淡妆，让自己看着精神阳光，浓妆艳抹会让面试官感觉不适。

男生保持清爽的外观，面试前，理个发、刮刮胡子，将自己的形象调整到最佳状态，无论你端的是温文尔雅，还是活泼开朗，都能获得HR的外观加分。

手里不要拿除简历以外的东西，那会影响求职者干练的形象。你可以背一个书包或者双肩背，把东西放在包里面，自然大方。

5. 面试当天的饮食也很重要

安排对自己最安全的饮食，不要作新的尝试，以防引起肠胃不适。

不要吃得过饱。

不要吃葱蒜，或味道大的食物。

面试前，吃一粒口香糖，这个小细节，面试官一定会注意到。

咖啡和茶提神，你可以根据自己的身体状况，作出适合自己的选择。

细节决定成败。招聘，看似是面试官主导着进程，决定着结果，实

际上，主动权始终把握在求职者人的手里，招聘的全过程，正是求职者用自己的一举一动，影响着面试官的感受，操纵着面试官的判断，决定着招聘的结果。

3

面试中，最能给面试官留下印象分的12个细节

面试是个技术活，成功与否，不仅仅取决于小伙伴们是否可以对答如流，还会受到面试官感觉的重大影响，而面试官的感觉很大部分来源于面试过程中的细节，那些面霸们之所以百战百胜，所向披靡，正是因为完美地把控了下面这些左右面试官感觉的细节。

1. 引用面试官分享过的观点，让你成为面试官喜欢的人

如何做到呢？在回答问题时，加上一句，"正如您刚才谈到的……"就这么简单，因为，面试官和你我一样，喜欢听到他人赞同自己的观点。

2. 观察面试官的行事风格，调整自己与之保持一致

比如，面试官是一个严肃的人，在面试过程中，候选人，就要收敛

幽默风趣的一面，让面试官看到自己在工作中认真、严肃、一本正经的另一面。

3. 让面试官感觉他很棒

比如，当面试官讲话时，你适时地点头表示赞同，偶尔加一句，"您说得很有道理……"

4. 面试前，一定要尽量多地掌握关于所应聘公司和岗位的信息

在面试过程中，告诉面试官，"我访问了贵公司的网站，贵公司的文化以及业务非常吸引我……"这样的信息会给面试官留下一个积极主动的印象，很自然会联想到，你对工作的态度。当然，如果你没有浏览过公司的网站，不能乱说，万一面试官追问一两个相关问题，那就很尴尬了。

5. 以积极和感恩的态度提起自己的老东家

在面试过程中，经常会有一些问题涉及你工作过的公司、合作过的老板和同事，一定要保持积极和感恩的态度。告诉面试官，"我特别感谢XX公司，它为我提供了很好的成长机会。""我老板人非常好，教给我很多东西。""办公室的同事都特别友好，相互帮助。"

让面试官，透过这些表述，看到办公室里阳光灿烂的你。

6. 不要做任何损害公司的事

如果面试官问你老东家的商业机密、客户信息，或者公司的组织结

构图，你可以说："抱歉，我签过保密协议，如果违反，可能会给您这边带来麻烦。"你不仅不用违反保密协议，还会给面试官留下一个值得信赖的印象。

7. 进入面试地点前，将手机调成静音状态

如果有急事，提前做好相应的安排，最好不要在面试过程中接听电话。如果你不得不在面试过程中接听电话，请提前告诉面试官，求得面试官的理解，同时尽量缩短接听电话的时间。

8. 从进入面试地点的那一刻起，将你的全部注意力，放在面试官身上，不要有太多小动作

面试官说话时，不要看简历，不要看手机，认真地看着面试官，认真地倾听对方传递给你的所有信息。

9. 关注面试官的形体动作，做到收放自如，恰到好处

在整个的面试过程中，面试官自觉或不自觉地会变换身体语言，表达对候选人的态度，如果你可以抓住这些信息，并做出相应的调整，就等于你在掌控整个面试过程，按照面试官喜欢的方式进行，结果就不言而喻了。比如，面试官的身体向后靠在椅背上，或者打哈欠，或两腿重叠抖动，都表明对方对你所说的话题已经不感兴趣了，赶紧打住。再如，面试官身体前倾，双手自然地放在桌面，认真地看着你，说明对方在认真地倾听你的诉说。

10. 在面试过程中，一定要保持平和的心态，举止稳重，谈吐自信大方

面试是面试官观察候选人的过程，对方认为在面试过程中看到的，就是你在工作中的样子。所以，自信非常重要，但是也不要咄咄逼人，让面试官感觉到压力，这会误导对方对你产生"太过强势""不好相处""团队合作能力存疑"等负面的印象。

11. 面试最后，一定要感谢面试官给自己这个宝贵的面试机会，同时表达出自己对所应聘岗位的强烈兴趣和做好这份工作的信心

这样做会进一步拉近你们之间的距离，引发面试官对你的好感和信心，因为，这正是面试官希望听到的。当然，咱们的原则，始终是实事求是。

12. 离开面试地点前，将坐过的椅子和用过的桌面复位，把一次性水杯带走，顺手把门轻轻带上

不要小看这些细节，细节真的决定成败，从你进门一直到离开的那一刻，面试官一直在默默地关注你的一举一动，而这些都会影响到面试的最后结果。

在日常生活中，我们都有过这样的体验，与陌生人第一次相遇，有的人，你莫名地就有好感；有的人，却没有理由地不喜欢。究其原因，就是细节。面试也是同样道理，注意把握好这些细节，你就会成为那个脱颖而出的佼佼者。

4

提高面试成功概率的7件事

在招聘过程中,大多数候选人其实基本都符合招聘单位的要求,但是,为什么大部分人都被淘汰,只有极少数候选人成功地拿到了offer呢?其中,最重要的原因是,大部分人在面试环节,没有让面试官看到最优秀的自己,那么,极少数拿到offer的候选人,是如何做到的呢?

准备充分是成功的一大关键

1. 首先需要了解应聘公司和职位的详细情况

在面试过程中,我经常发现,好多候选人在面试之前根本没有好好做功课,对应聘公司和岗位知之甚少,这是非常吃亏的,因为,只有了解了公司和职位,候选人才知道,应聘公司究竟需要的是什么样的人,如何在面试中更好地表现自己。

信息来源很多,通常包括:应聘公司的官方网站、搜索引擎、社交媒体、招聘网站,甚至是应聘公司的HR负责人。

2. 准备好面试问题的答案

很多问题，临场发挥和深思熟虑之后的答复，其效果是完全不一样的，若想在面试中，表现出专业自信的精英范，面试前，就需要列出所有可能的问题，并烂熟于心。

下面10个是面试官的必问题，精益求精的小伙伴们也可以从网上找到更多的问题，如果有时间，自然是准备得越充分越好。

（1）为什么会从上一份工作辞职？（同样的问题会不会影响其未来的稳定度）

（2）与上级意见不一致，你会怎么办？（有没有团队精神）

（3）你的优缺点分别是什么？（这些缺点会不会影响到工作）

（4）你在工作中遇到的最大困难是什么？（候选人的弱点，面对困难的态度）

（5）谈谈你过去工作中自己觉得最有成就或印象最深的一件事。（候选人的竞争力和真实水平）

（6）谈谈你未来3-5年的职业规划是什么？（和公司的节奏是否合拍，稳定不稳定）

（7）我们为什么要录用你？（候选人的核心竞争力）

（8）你对我们公司了解多少？（有没有做功课，工作认不认真）

（9）你怎样看待加班？（候选人的工作态度）

（10）你工资期望值是什么？（工资期望值是否会影响到候选人入职）

3. 模拟面试

面试前，一定要进行模拟练习，可以邀请闺蜜充当面试官，尽量将所有可能遇到的问题都加以练习，如有需要，也可以参加面试培训课程来提升自己对面试的掌控能力。模拟练习的目标，就是候选人能自信地将所有可能的问题对答如流。

让面试官看到自信优秀的自己

4. 回答问题时，突出重点，将职位要求和自己的优势结合起来说

面试过程中，面试官会结合职位要求提出问题，候选人在回答时，结合下列主要信息，突出自己的优势，如工作经验、专业技能、领导能力、团队合作精神等，让面试官看到你的能力和价值。

（1）你做过什么，也就是你会做什么，你的核心竞争力在哪，你所分享的工作经验，一定是应聘岗位所需要的。

（2）你做得怎么样，最好是能通过业绩或者公司的奖励，证明自己的能力。

也可以通过提供具体的数据和例子来说明自己的工作成就和影响力。

5. 不做面试官不喜欢的事

人们相信自己亲眼看到的，面试本来就是候选人和面试官相互观察的过程，谨慎的面试官会将亲眼看到的信息无限放大，然后做出主观的

判断，所以，面试者不要让面试官看到任何容易引起误会的事情，特别是下面几个常见的错误：

（1）面试迟到（对这份工作的重视度不够，且做事靠不住）

（2）吐槽上一家公司或者领导（负能量，甩锅侠）

（3）对公司和所面试的岗位完全不了解（工作态度不认真）

（4）喜欢用反问式的语气回答问题（沟通能力有问题）

（5）不注意个人形象，不修边幅（没有上进心，或者做事没有分寸）

6. 把握好提问环节，让问题给自己加分

在面试过程中，有一个候选人提问的环节，它一方面是帮助候选人获得更多更全面的信息，另一方面，也是面试官观察面试者的机会。

你可以在面试前多准备几个问题，根据面试官信息分享的情况，选择最合适的问题使用。

下面是几个面试者可以使用的几个重要问题：

（1）请问贵公司未来五年的业务重点是什么？（公司的发展前景怎么样）

（2）最喜欢贵公司的地方是什么？（感受工作环境）

（3）您在试用期、半年后、一年后对我的预期是怎样的？（明确应聘岗位的考核目标）

（4）我们下一步的面试环节是怎样的？您期待我什么时候到岗？（掌握招聘岗位的时间进度）

在这个环节，最好不要直接说"没有问题"，那会让面试官略有失望。如果面试官已经尽己所能、知无不言地帮助你获得了所有感兴趣的信息，在这个环节，你完全可以给面试官手动点赞："您介绍得非常全面，我本来有几个问题，现在没有了。"

7. 感谢面试官给自己的机会，表达对应聘岗位的强烈兴趣

这是一个白送的加分机会，大部分面试者都没有抓住。担心说不好，可以提前准备，但一定要说，这绝不是无用的客套话，它传递的是三个重要信息，第一，候选人有一颗感恩的心；第二，通过面试，候选人对这个岗位继续感兴趣；第三，候选人的沟通能力强，让人感觉舒服。

总之，若想顺利地通过面试，成功地拿到满意的offer，就一定需要付出额外的努力，世界上从来没有随随便便地成功。

5

网络面试取得成功的7要素

小胡同学是一名高大帅气的顶级学霸，决定完成博士论文后回国发展。因为他人在国外，绝大部分的面试都是在线上完成的，中间遇到不少问题，也获得很多宝贵经验。通过将近一年的努力，终于在一家国际知名的咨询公司找到了一份令自己满意的工作。作为一位有社会责任感

的学霸，小胡同学应我的邀请，将自己线上面试的经验归纳总结如下，希望对小伙伴们有所帮助。

1. 线上面试，首先需要确保的就是网络的畅通

小胡的做法就是将所有的面试都安排在平时网络最顺畅的房间进行，并在每次面试前，测试好相关设备，确保万无一失。

2. 面试房间安静，整洁，光线好

为了让面试官可以清晰地看到自己，在所有面试中，小胡总是确保自己的正面特别是面部光线充足，不会后背朝向窗户，或者强烈的光源。

每次面试前，小胡都会将面试的房间收拾整洁，将镜头所及的范围设定在自己的书架处，以此强调自己好学上进、博学多才的人设。

3. 保证镜头前的自己干净整洁，阳光自信

面试当天，小胡都会穿上整洁的白色衬衫加黑色长裤，把自己收拾得干净利落。

面试开始之前，他会对着镜子，将自己调整到最阳光自信的状态，仿佛面试官就在镜子里看着自己。

面试的过程中，他总是全程自然放松地看着镜头，让面试官一直感觉到自己真诚的目光。眼睛看着屏幕，会给对方眼睛看着别处心不在焉的感觉。

每次正式面试之前，小胡都会给自己做个模拟训练，并录下来，

仔细研究，通过小小的屏幕，他发现自己的一举一动面试官看得清清楚楚，所以在实战中，小胡同学特别注意管理自己说话过程中的细小动作，以及面部表情。

4. 提前5分钟上线，从不迟到

通常面试的相关信息，比如，面试平台，进入密码，面试时间等，都是HR通过邮件或短信的形式通知到候选人，小胡总是提前2~3天的时间上去注册并填写基本信息，熟悉使用流程，尽量减少面试当天出现"意外"的概率。

他总是提前5分钟登录面试平台，然后发信息给安排面试的HR，让对方知道，自己已经提前上线。

在面试开始前，小胡都会主动向面试官打招呼，同时确认对方是否能够听清或看清楚自己，比如，"您好！您能听清我的声音吗？"待面试官给予肯定的回复后，再进入到正式的面试环节。这样一方面保证了面试的质量，同时也会给面试官留下一个不错的印象。

5. 提前拿到面试官或HR的联系方式

万一出现掉线或者遇到意外情况，可以及时通知到对方，并和HR做好相应的约定，准备好网络面试的备选方案，以防万一。

6. 巧用线上面试的小福利

面试前，小胡会准备好一些"小字条"，上面的信息包括一些回答问题时可能会用到的关键问题的重点，等等。这样的操作也是起定心丸的作用，暗示自己，所有面试需要的信息都准备好了，从某种程度上，减轻了小胡同学面试的紧张程度。通常"小字条"会放在离镜头不远的地方，需要时看上一眼，也不会影响到面试官的感受。

另外一个小福利也是线上面试特有的。在一次面试过程中，面试官问了一个问题，小胡脑子里出现了两个答案，有一瞬间的犹豫，视频画面上显示小胡愣在那数秒，这种情况对面试结果的影响肯定不是正面的。后来，参照了学长的经验，再遇到类似情况，小胡同学马上就说，"喂，请问您能听到我说话吗？"一方面避免了负面影响，另一方面，也为自己争取到数秒思考和作决定的时间。

7. 用小细节给自己加分

面试开始和结束前几分钟，面试官一般会引导几句轻松的话题，从表面上看，可能与工作经验和专业技能无关，实际上，在面试的整个过程里，面试官的任何一个动作都是有目的的，都在从不同的角度，通过不同的问题观察候选人，所以，小伙伴们自始至终都要保持高度警惕，展现出最优秀的自己。

面试结束时，小胡会对面试官表示感谢，感谢对方给自己宝贵的面试机会，花时间为自己介绍公司的业务和应聘岗位的信息，同时表达自己对应聘岗位的强烈兴趣。

面试结束以后，发微信或邮件给安排面试的人力资源负责人，告知对方面试进展顺利，感谢他的安排，再次表达对这个岗位的强烈兴趣。这个懂事且简单的操作，让小胡同学获得了不少的印象分。即使没有拿到offer，他的简历也会被人力资源负责人放进自己的人才库，加上自己的溢美之词，这就为小胡同学的职业发展增加了一个又一个的机会。

对于找工作的小伙伴来说，线上面试和线下面试的目的是一样的，就是让候选人和面试官进行面对面的交流，更充分地了解彼此，除了线上面试的特殊情况外，和线下面试一样，候选人也需要根据招聘广告，认认真真地准备面试内容，毕竟，面试内容才是影响面试结果的主要因素。

6

巧妙表达挫折给面试加分

Nancy在准备下周的面试时，遇到一个面试官经常会问的问题，"在你的职业生涯中，遇到的最大挫折是什么？"Nancy担心说出自己的那些挫折，会引起面试官的误解，对面试结果产生负面影响，但是，又不知道，如何表达才会对自己最有利。因此，她向我咨询，下面是我们讨论内容的总结，供小伙伴们参考。

我们先讨论了面试官为什么要问这个问题，因为只有搞清楚这一点，才能知道如何回答可以为自己赢得加分。面试是面试官通过各种问题，了解候选人的过程，通过"最大挫折"这个问题，面试官可以得到以下几点关键信息：

1. 候选人面对问题的态度

从某种角度来讲，公司和员工之间的关系，就是公司付钱给员工，员工承诺为公司解决问题。签合同的时候，大家说得很好，现实是，一旦遇到问题，很多人的第一反应不是解决问题，而是直接上演相互指责甩锅的戏码，这是公司最不愿看到的情况。

因此，面试官希望通过"最大挫折"这个问题，找到那些，遇事，把解决问题放在第一位的人。

2. 处理问题的能力

能力和态度同样重要，毕竟，问题还是需要能力去解决的。

在回答面试官的问题时，一定要注意突出自己解决问题的能力，这个能力可以包括很多方面，比如分析判断问题的能力、处理问题的能力、团队合作的能力、抗压的能力、学习的能力，等等，言而总之，也就是，在实事求是的基础上，把最能干的那个自己介绍给面试官，不用谦虚。

3. 自我成长的能力

人无完人，我们之所以遇到问题，被难倒，大多是因为缺乏相应的经验和能力，不知道该怎么做。有人把它看成是挫折打击，有的人却把它当作是自己学习成长的机会，这两种认知，会把小伙伴们引向职业发展的不同方向。

所以，在回答这个问题时，不要为谈挫折而谈挫折，将重点放在通过挫折学习成长上面，这才是面试官希望听到的。

那么，应该选择怎样的挫折在面试时分享呢？

（1）不一定是"最大的挫折"，但也不能"太小"，应该是足以说明你想说明的道理。

（2）必须是你的亲身经历，不能瞎编乱造，万一面试官想深入探索，咱们也不用担心尴尬。

（3）面对挫折，你的态度一定是积极且理智的。

（4）通过你的努力，问题最终得到了完美的解决。

（5）在解决问题的过程中，你获得了新的工作经验，取得了巨大的进步。

（6）最后，如果，你因此获得了公司的奖励，必须实事求是地告诉面试官，帮助他做出正确的判断。

举个例子

刚刚毕业加入一家公司不久，我们部门的大老板来中国访问，领导让员工每人准备两张ppt，方便介绍自己的工作。

我认真地准备了ppt的内容甚至模板，也想好了说什么，认为没问题了。可是，当我站在大家面前，所有的眼睛都望向我时，突然间，脑子一片空白，不知道该如何开头，那叫一个尴尬。

这件事告诉我，遇事一定要尽全力，不能假设，确保对每一个细节的把控，将风险降到最低。那天的问题就出在我以为知道自己说什么就没问题了，没有好好准备怎么去说。从那以后，凡是当众演讲，我都会提前准备好演讲稿，并把它背诵下来，一遍又一遍地推敲细节，现在，我们团队的演讲都快被我承包了，大家都以为我是纯天然的演讲高手。除了演讲，这件事对我的影响体现在生活和工作的方方面面，我觉得，那次尴尬的经历很有价值。

再举个例子

公司要求提高运营效率，我领导的团队决定将某一个福利的管理外包，且没有增加额外的费用支出。这个项目在前期的调研和审批环节都进展得很顺利，当正式宣布时，有一个团队集体提出反对，认为这个改变会影响到员工支取的灵活度。

这个部门的领导立刻表示，该团队目前正负责一个非常重要的项目，对公司的业务至关重要，他们不希望因为这个变化对士气产生负面影响，如果不撤销这个外包，他们将会投诉到美国总部，绝口不提自己在前期审批环节已经表示了对外包项目的支持。

我又详细地向各位焦躁不已的领导们介绍了外包的流程，它不仅会提高公司内部的运营效率，还会加强对福利支取的管理，而且不会对支取的灵活度产生实质的影响。紧接着，我又亲自奔赴项目组所在地，和所有员工进行了耐心细致的沟通，最终打消了所有人的顾虑，保证了外包的顺利进行。

这件事告诉我，很多问题是由误解产生的，只要沟通得真诚耐心，不怕麻烦，大部分问题都是可以解决的。

面试结束后，Nancy告诉我，这次讨论对她的帮助很大，"最大的挫折"一题真的被面试官问到了，由于准备充分，她非常自信，发挥自如，因此她对自己的面试效果非常满意。面试前的准备非常重要。有的问题是需要时间去思考和总结的，对于大部分人来讲，只有充分准备，才能在面试时做到自如发挥。

7

如何与面试官谈薪资

今年是Nancy进入职场的第4个年头，她刚刚拿到一份令人羡慕的offer。她的新工资，比2位大学室友平均每个月高出3000元，3个工作经历很相似的小伙伴，几乎前后脚换工作，Nancy究竟做对了什么，让她的offer每年高出室友36000元呢？下面，我们就和大家一起聊聊找工作谈工资的那些事情。

首先，搞清楚自己的工资期望值

当你找工作的时候，首先应该有一个明确的工资期望值，在这个基础上再去聚焦相匹配的岗位，这样成功率才会比较高，因为，工资、职位和候选人的工作经验一般都是相匹配的。下面几个因素可以作为确定工资期望值的参考：

（1）自己现在的工资

你现在的工资基本代表你的工作经验和工作岗位在市场上的价值，而这一价值，在市场上是有一定范围的，比如年收入10万～20万，也就是说，如果你目前的工资是10万，是可以通过跳槽获得增长的。

（2）来自网络的参考信息

可以去网上搜索相关岗位的薪酬福利待遇，不一定精准，但可以帮助你了解这份工作在职场上目前大概值多少钱。

（3）朋友同事的反馈

如果你的朋友、同事和你的工作经验及工作岗位类似，也是一个不错的信息来源，直接问工资可能有些敏感，可以换一种方式听听大家的反馈。比如，你可以问，"咱们的工作在市场上是什么价呀？"

（4）招聘广告上的工资参考值

招聘广告上的工资参考值非常重要，基本就告诉了你这份工作的工资水平，如果与你个人的期望值相差不太大，可以继续，如果相差太远，就不用执着了，因为，一般公司，除非特殊情况，实际offer与工资参考值不会相差太远。

（5）招聘中介

如果你和猎头公司有联系，可以听听专业人士的反馈。

影响招聘单位offer的主要因素

（1）工资支付范围

在工资结构中，每一个工作岗位都会有一个工资支付范围，比如每个月5000-8000，为什么会有一个范围呢？举例说明，在同样工作岗位的员工,有的在这个岗位1年,有的3年,有的5年,由于在这家公司时间长短的不同的,他们的工资肯定会有不同,但都在一个范围内,不会相差很大。

(2)已有员工的工资状况

新的offer一定会兼顾已有员工的整体工资状况。

(3)候选人的工作经验

工作经验的多少肯定会影响到工资的高低。比如,有5年工作经验的新员工拿到的offer,肯定比1年工作经验的员工要高,无论后者是新员工还是公司已有员工。

(4)候选人现在的工资

这是决定offer最重要的因素之一,除非特殊情况,新工资会高于候选人现在的工资。

优雅地告诉面试官你的工资期望值

任何决定都是基于信息作出的,当人力资源负责人询问你的工资期望值时,你要不卑不亢地将自己的期望值及相关的参考信息向对方说清楚,你可以说:

我现在的年薪是12万,工资期望值是15万,因为:

公司在年底有工资调整,以我的表现,基本会有15%的增长;

我一向不太在意工资,因此,在收入上比较吃亏,比如,我的几个同学,在A公司B公司C公司做同样的工作,他们的年薪基本在15万~20万之间,一直比我高,总说我比较憨。

不过,每家公司都有自己的政策,我还年轻,更看重发展机会。

公司可以offer的工资是在一定范围的，加之这么有理有据地表白，一般情况下，人力资源负责人会尽自己最大的努力，满足你的期望，不会因为offer上的小小差异而失去好不容易从市场上找回来的候选人。

经常被忽略的重要信息

一般工资都是由固定工资和浮动工资组成，有的offer听起来数很大，实际上，浮动工资的发放是和业绩挂钩，不一定拿得到，所以，一定要问清楚浮动工资的发放政策是什么，再来衡量一下，一般情况下，你能拿到多少。比如，你可以问问，大部分员工可以拿到浮动工资的百分比，从而可以大概判断出自己的年收入究竟是多少。

Offer的另外一个重要组成是福利，它由法定的社会福利和公司的补充福利组成，社会福利的含金量很大，一定要问清楚，它主要包括：

（1）养老保险、医疗、失业、工伤、生育保险和住房公积金，俗称"五险一金"。

（2）带薪年假、产假和病假等。

谈工资的最佳时间点

尽量不要在简历上写出工资期望值，如果在某种情况下，你不得不填写工资期望值时，最好加上"可以谈"，这三个字，可以帮助你避免因为这个期望值的关系而丢失一个好的工作机会。

Offer之所以安排在招聘的最后阶段，是因为招聘单位通过完整的面试过程，才能全面了解候选人的实际价值，这是出不出offer和出多少offer的前提条件。因此，小伙伴们最好不要在面试的最初阶段询问工资福利的情况，这样做，不仅可能得不到满意的答复，还会让面试官产生负面印象。

通常招聘单位在正式offer之前，会口头和候选人讨论offer的细节，帮助候选人了解工资和福利的整体情况，在这个基础上，候选人再做决定或进一步沟通会比较主动。

招聘单位发出的offer，还能不能再谈？

对一个特定岗位来讲，公司可以给的offer是在一个范围内，因此，offer是可以谈的。

如果候选人对offer提出异议，招聘单位一定会认真考虑，如果这个异议合理的话，有可能对offer做出调整。

当然，影响offer最关键的因素还是候选人在面试过程中的表现，因此，一定要把握好面试的每一环节，将最好的自己展现给面试官，满意的offer那也就是水到渠成的事。

8

如何回答面试官关于"为何离开当前工作"的问题

"你为什么考虑离开现在的公司？"只要不是应届生，面试时，候选人都会被问到这个问题。离职当然有原因，是什么原因，直接说不行吗？为什么要搞得这么复杂呢？如何陈述才能获得面试官的认可呢？

咱们先一起来看看员工离职的主要原因都有哪些？

1.老板有问题，比如，脾气大，或者处事不公平，或者管理能力差，等等。

2.同事之间关系复杂，比如，内卷、勾心斗角、捧高踩低，等等。

3.工资低，希望通过跳槽获得大幅度提高。

4.不喜欢现在的工作。

5.公司业务调整，可能职位不保。

6.在公司内部没有发展空间。

7.加班太多，每天工作16个小时以上。

8.被辞职，比如裁员，或者合同到期不再续约，或者由于各种其他原因公司提出解除劳动关系，等等。

这些原因真实且很常见，但是，如果平铺直叙，很可能会引发面试官的负面联想，比如：

你说："老板有问题"，面试官可能会想："真是老板的问题吗？还是候选人自己有问题？万一是候选人的问题不是给自己找麻烦吗？"

你说："同事之间钩心斗角"，面试官可能会想："论是非之事，必是非之人。"

你说："加班太多"，面试官可能会直接pass掉你的简历，因为他认为加班是天经地义的事，提出异议的都是问题青年，不招也罢。

"这面试官是不是太装了？""难道他们周围没人跳槽，他们自己没跳过槽吗？"小伙伴们腹诽得很有道理，HR的日常工作之一就是研究员工离职原因，中间的弯弯绕绕心里像明镜一样。他们之所以这样问，就是希望通过你对下面三个问题的解释，让用人单位更多地了解你对事情的看法、态度和相应的做法，因为，一旦录用，那就是你在新公司里的样子。

（1）你是辞职，还是被辞职？

（2）无论是辞还是被辞，原因是什么？你是什么态度？

（3）你准备通过这个变化获得了什么？

那么，究竟如何回答这个问题，可以赢得那些偏执的面试官的认可呢？

第一，对于有些问题，小伙伴们可以换一种表述方法，从积极正面的角度表达离职的真正原因。比如下面三种情况：

（1）不喜欢现在的工作。

（2）公司业务调整，可能职位不保。

（3）在公司内部没有更大的发展空间。

这三种情况都指向候选人在公司没有上升空间，希望通过跳槽，追求新的发展机会。直接说可能减分，因为面试官会很容易地联想到：

"没有上升空间的原因,也许是你的工作能力或态度有问题吧?"针对这个风险,咱们可以换一种积极的表达方式,让面试官看到一个心态阳光追求上进的职场小精英。比如,小伙伴们可以说:"我喜欢更有挑战性的工作,贵公司的岗位可以帮助我学习很多新的东西。"然后,一定要加上,新岗位可以带给你的工作经验和专业技能提高的机会。虽说核心都是追求新的发展机会,如果你是面试官,是不是会更喜欢这个积极阳光的说法呢?

第二,有些原因比较敏感,如果直接提出来,需要很多解释,而且很容易引发面试官的误解,因此,很多智慧的小伙伴选择在面试过程中,直接规避掉这些原因,比如,和老板关系不好、同事之间关系复杂、工资太低、加班太多,等等。尽量选择下面这些简单,任何情况下都正确讨喜的答案。

(1)我所工作的公司挺好的。

(2)老板和同事的关系非常融洽。

(3)我很喜欢自己的工作,在现在的岗位上学到很多东西,希望一直可以学习成长。

(4)贵公司的岗位非常吸引我,因为,它可以帮助我学到更多东西,此处,酌情可以加上这个岗位可以帮助小伙伴们增加的工作经验和提高的专业技能。

(5)对于这个工作,我有信心可以做得很好。

这样说,为什么会加分呢?

(1)说现在的公司好,说明候选人看待事情比较成熟全面。因为每家公司都有优点和缺点,综合评价应当从主要的方面来看,除非你被进一步问到公司的主要问题是什么。

（2）和老板同事相处愉快，说明你有不错的处理人际关系的能力。

（3）候选人说自己是好学上进的。

（4）招聘岗位很吸引你，喜欢是做好事情的前提。

（5）自己对做好这份新工作很有信心。

第三，被辞职是另外一个敏感原因，如果小伙伴工作上没有空当期，离职原因可以直接参照上面第二点；如果有一段时间没有工作，如何向面试官解释离职原因既合情合理又积极阳光呢？

面试官不喜欢被公司辞退的候选人，因此回答问题时最好规避被辞职这件事，选择离职以后这段时间，最可能给面试官留下好印象的事情作为离职原因，但，最好是实事求是。举例说明。

（1）如果你为朋友或者家里的生意帮忙，可以说："原打算和朋友或家人一起创业，现在改变了想法。"

（2）如果有家人生病，在这段时间，你要照顾家人，可以说："家人比什么都重要，这段时间，自己全职照顾家人，现在他痊愈了或者病情稳定了，所以自己希望能够有机会重出江湖。"

（3）如果你在学习某一个课程，或者正在备考XX证，可以说："辞职是为了全心全意地学习某一个课程，或者为了有充足的时间复习考XX证，不想因为学习影响工作。"

最后，对于面试的常见问题，最好在面试前做好充分的准备。大部分人的现场反应效果不如提前有所准备。提前准备好，即使面试时有更好的想法，也可以调整，而且，因为心中有数，面试时才更容易克服紧张，表现得更从容、自信，使得成功的可能性更大。

9

如何告诉面试官，你未来3年的职业规划

"你未来3年的职业规划是什么？"是面试过程中，候选人经常被问到的一个问题，很多小伙伴，特别是应届生，一听这个问题，马上蒙圈，面试官这是想问什么呢？怎么回答才能加分？作为一名有30年面试经验的HR，下面我为小伙伴们详细地说说这件事。

面试的过程就是面试官和候选人相互了解的过程，只有在真正了解的基础上，双方才能做出正确的决定。面试官希望通过这个问题了解候选人的职业发展目标和公司的目标是否是一致的，因为只有目标一致，聘用关系才能稳定，走得才能长远。

举例说明，公司正在招聘一名技术专家，对这个岗位未来3年的培养计划是高级技术专家，候选人目前的条件刚好符合这个岗位的要求，也有入职意愿，但是，候选人未来3年的职业规划是成为一名职业经理人，与公司的目标不一致，而这个不一致就造成了聘用关系潜在的不稳定。比如，员工入职以后，公司会按照既定的培养计划进行，而员工内心实际渴望的是成为职业经理人的各种机会，两者大相径庭，一来二去，员工就会对公司有意见，生出去意，这正是公司最不愿意看到的结果。

员工离职给公司造成的损失是巨大的，因此，在招聘过程中，作为

"受害人"的面试官希望通过各种问题收集信息，尽可能地做出正确的判断，降低可能的离职率，其中一个问题就是，"你未来3年的职业规划是什么？"

那么，如何回答这个问题才能让面试官放心呢？最好注意以下要点：

（1）未来3年的职业规划一定要结合招聘岗位和招聘公司的信息来说，这说明你确实对这个岗位感兴趣，有长期打算，希望能将自己未来的职业发展和公司的业务发展结合在一起，注意一定要突出自己对稳定工作环境的向往。

（2）有明确的目标，比如，在3年内通过XX考试，成为XX的认证工程师。

（3）有详细的时间节点，比如，第一年通过XX的初级考试，第二年通过中级考试，第三年通过高级考试。

（4）规划既不要夸张，也不要过分谦虚，需体现出脚踏实地的风格。

（5）言简意赅，除非面试官要求细节。

不要说："没有认真想过职业规划这个问题"，这会让面试官对候选人产生混日子的偏激联想。

不要涉及敏感话题，比如，在3年内工资达到月薪十万元；再如，第1年做专员，第2年升为经理，第3年总监。这些本来就不是自己说了算的事，更没有必要引起面试官的心理不适。

最后，我们一起来看看有哪些加分答案。

1.面试官要求简单介绍职业规划时的表述方式。

比如，你是互联网运营的入门级选手，正在申请的岗位也是互联网运营专员，可以说，"未来3年，我希望成为互联网运营领域的专业人才，在工作中，可以独当一面。"

如果你是应届毕业生，申请人力资源助理，你可以说，"未来3年，我会在实际工作中努力学习人力资源专业各方面的知识，为自己在这个领域中的长期发展，打好基础。"

有的面试官会请候选人说一说具体计划，这是送分题，不需要高大上，越接地气的答案，越能体现你的脚踏实地。

比如，职场上的成长很大程度上依赖于工作中的学习和锻炼。你可以结合所应聘的工作岗位和公司，谈谈自己期待每一年从这个岗位中获得的工作经验。

比如，读书是另外一个帮助你成长的有力工具，将工作相关的书单分享出来，会得到面试官的另眼相看。

再如，很多公司都会安排在岗培训，在这里，你可以问问面试官，公司针对这个岗位会有哪方面的培训，这是一个加分题。

2.如果面试官说："请你介绍下未来3年的职业规划。"小伙伴们可以表述得更详细一些。

比如，我在大学学习的是通信工程专业，利用寒暑假和大四的实习积累了一些工作经验，主要集中在信息分析、数据统计、互联网运营等方面。我非常喜欢贵公司的文化，如果可能，希望自己有机会可以加入贵公司，成为一名互联网运营专员，如果可以如愿以偿，我未来3年的职业规划是：

第一年，努力学习掌握公司的业务、产品、流程，在100%完成业务目标的同时，不断提高各项专业能力，学习更多关于互联网运营的专业知识，完成从学校到职场的转变。

第二年，学习更多关于市场策略、品牌管理、用户运营等方面的专业知识和技能，如有机会，希望能够承担更多的责任和挑战，参与更大规模和更高难度的市场项目，为公司的业务发展作出自己的贡献。

第三年的目标是，具备独立的业务分析，设计，执行和评估的能力，成为团队的业务骨干，在工作中可以独当一面。

作为行业的龙头，贵公司的业务和文化都非常吸引我，如果有机会可以成为其中的一员，我会努力工作，为公司的长期发展做出自己的贡献。

俗话说得好，"如果你不知道你要到哪儿去，那通常你哪也去不了。"通过对职业规划的表述，面试官也会对候选人的发展潜力有一个直接的印象，这个会影响到面试官对面试结果的整体打分。

10

如何解释跳槽过于频繁

David是一位离开校园4年的年轻人，在这4年的时间，他换了3家公司，最近又有一个新的机会在认真考虑，他感觉自己跳槽比较频繁，问我，在面试过程中，对这个问题应该如何回答，才能对自己更有利。

David根据我的建议，向面试官陈述了自己的情况，结果，赢得了面试官的高度认可，称赞他是一个头脑清晰，有梦想，并一直在为自己的梦想而努力奋斗的年轻人。那么，David是如何陈述的呢？

1. 首先，David向面试官描述了他的职业规划

David是一位有追求的年轻人，喜欢做销售，有非常清晰的职业规划，他的第一个5年计划目标，是独立负责大客户。

过去的4年，虽然他每年换一间公司，但是，一直在IT公司的销售部门，第一份工作是销售助理，第二份是销售代表，现在是高级销售代表，他即将应聘的职位是销售经理，独立负责大客户。

David将自己的职业规划直接告诉了面试官，帮助面试官清楚地了解到自己的目标，以及每一次跳槽的原因和结果。

2. David向面试官介绍了每一份工作带给他的收获

这些收获包括经验、成就、资源，等等，这些信息是与应聘岗位的职责和经验要求完美结合的。这家IT公司正在寻找一位有经验的销售经理，David呈现出来的所有信息让面试官认识到，他就是那个优秀的销售经理。

3. David向面试官展示了他在各个阶段所取得的成绩

这些成绩清清楚楚地证明了他的优秀，比如：

他的每一次工作变化，都有职位提升，责任变大了；

在每一年的业绩考核中，他要么被升职，要么拿到团队最高额的奖金。

因为David跳槽频繁，很容易引起面试官的担心，担心他的离职是因为能力或态度问题，而这些成绩正是前几家公司对他的认可，就可以直接打消面试官的担心，同时，还给面试官留下一个很好的印象。

4. David让面试官相信，如果有机会，他一定会在这家公司长期发展

David告诉面试官，这份工作完全符合他现阶段的职业发展需求，通过面试官的介绍，他了解到，这家公司非常重视员工的发展，每一个岗位都有相应的上升通道，因此完全可以满足自己对职业发展的追求。

David也真诚地向面试官分享了自己的跳槽心得，过去4年，虽然获得了不错的发展机会，同时也经历了一些浪费，比如，在每一次的入职初期，他都需要花很多时间重新了解自己的客户、老板以及同事，花精力重新建立和他们之间的信任关系，每次都要从头开始，如果始终在一家公司，就不需要经历这些重复和浪费。因此，如果可能，他希望能在这家公司获得长期发展的机会。

那么，为什么公司不喜欢跳槽过于频繁的候选人呢？公司普遍认为：

1. 过于频繁地跳槽，很难获得有价值的工作经验

加入一家新公司，第一年，员工的大部分时间都花在了解公司和岗位，学习熟悉新工作上，真正可以独当一面得从第二年开始，这就是说，至少需要2~3年的工作经验，一般情况下，公司认为没有什么太大价值。

2. 过于频繁地跳槽，很难建立起社会资源

人与人之间的熟悉和信任需要时间，而这份熟悉和信任正是一个人事业成功最宝贵的社会资源，打一枪换一个地方，对于刚刚进入职场的年轻人也许影响不大，但是，随着业务的展开，这一点就非常重要了。

举个简单的例子，David在A公司，向甲客户推荐A公司产品，和甲客户建立不错的关系，1年后加入B公司，又向甲客户推荐B公司的产品，2年后加入C公司，再向甲客户推荐C公司的产品，而甲客户所需要的后续支持，由于David已经离开A和B公司，也会受到一定程度的影响，在这种情况下，甲客户对他不可能信任，而David也很难和甲客户建立长期的合作关系。

3. 过于频繁地跳槽，说明候选人抗压能力差

都说职场如战场，战场是什么样，战场上需要的是钢铁侠，打不死的小强职场也是一样。

4. 过于频繁地跳槽，会影响公司业务的正常进行

员工离职首先会影响到周围的同事，人走了，工作没走，只能增加现有员工的工作量；

招人就会增加公司成本，更不用说该新员工入职的初期，公司还要安排培训班帮助新人熟悉工作，新人如果再不胜任，那就更麻烦了；

这种动荡肯定会影响到公司的业务，如果只是内部日常的工作，还可以通过麻烦其他同事解决，如果是面对客户端的岗位，频繁的人员变

动，还会让客户产生该公司不稳定的印象。

所以，跳槽频繁的小伙伴们，在写简历和准备面试的过程中，针对离职原因，一定要着重添加一些信息，尽量降低频繁跳槽所带来的负面影响，大家可以参考David的案例，并根据自己的具体情况有所准备。

第四章
CHAPTER 4

人在职场，赢得领导认可更能脱颖而出

1

如何成为老板的心腹干将

在职场上，成功的老板必定有几个心腹干将，这些心腹干将都具备怎样的特质？我们怎样才可以成为老板的心腹干将呢？

"心腹干将"是一个复合词，由"心腹""干将"两个词组成，两个词的内涵缺一不可。

"心腹"的主要特质是靠谱、值得信赖、懂事、高情商。

"干将"的主要特质是能力强、有担当、会干事、高智商。

在职场上，只有那些在老板看来靠谱可信赖、能干有担当、懂事且会办事的人才能成为自己的心腹干将。

接下来，我们详细描述一下这三个关键特质。

第一，靠谱可信赖

这一特质，我们可以用6个关键词来形容：

信任：做老板的心腹首要的就是要赢得老板的信任，老板对交代给你的事能放心，对你说过的话，也相信你一定会守口如瓶。

忠诚：想老板所想，急老板所急，工作的优先性和重要性，都是以配合和支持老板的工作重点为主。

磊落：作为下属，要堂堂正正。花言巧语、在背后搞小动作是老板无法忍受的，这样的人不可能成为老板心腹。

可靠：对老板布置的工作、下达的指令，不用老板再追问，定会全力推进，主动汇报进度，让老板做到心中有数。

周全：处理事情，考虑周到，不给老板惹麻烦。在老板需要的时候，可以给老板献计献策。

嘴严：在私下，任何关于老板的私事、秘密、行程等，都不会向他人透露。做到不该说的事不说，不该问的不问。

第二，能干有担当

要知道，所有的老板都对所负责团队的业绩负责。所以，老板在公司不是来交朋友的，如果只会阿谀奉承，讨老板欢心，为老板的私事忙前忙后，这样的人可能会在老板身边混上一段时间，但老板不会让这种人成为心腹干将的。这种人只会是老板的累赘和负债，不会成为老板的优质资产。

真正可以成为老板优质资产的人是能干有担当的人。我们在第一点里所提到的靠谱、可信等特质，也必须是以能力强和有担当作保障的。

能力强：分派给你的任务，能超额完成，有棘手问题交给你，办法总比困难多，肯定能搞定。因为有你在，老板不用担心。

有担当：当你所负责的工作出现失误，你能勇于承担责任。不会找借口、推诿扯皮、推卸责任。老板把工作交给你了，这个事情你就会全权负责到底，无论哪个环节出了问题，你都会勇敢地站出来承担责任。

避风险：在业务方面要帮老板考虑谋划周全，尽量规避麻烦和风险。

第三，懂事会办事

通常来讲，具备工作能力强、有担当、可靠这些素养和特质的人在公司里还是为数不少的，但可以成为老板心腹干将的，除了以上两方面，还要具备一项关键特质，也就是我们常说的懂事、会办事。

如何才能做到这样呢？我们简要总结几点：

（1）首先要了解老板的个性和喜好。按照老板的风格去做事、去汇报、去相处，这样才能跟领导产生默契。

（2）学会倾听、洞悉和揣摩领导心思。倾听时要做到：

有回应。倾听时有回应证明你在认真听老板讲话。在恰当的时候回应领导，或提问、或加上你的理解做确认，让领导明白你跟得上他正在讲的内容，没有走神。

听明白老板的真正意图和要求。通过聆听和揣摩，洞悉老板内心的真正意图和潜台词。很多时候，领导不会直接把本意说出来。你要用自己的语言把老板的意图总结概括出来，表明你领会了他的意思，并表示你会按他的要求力争做到完美。

（3）主动汇报。老板交派的任何一项工作，不用老板问，一定要及时向他汇报工作进展，以便让他做到心中有数，也会让他觉得你是一个靠谱的人，交代的事情不用他盯你也一样会认真负责。

（4）该挺挺、该赞赞。老板也需要支持。在公众场合，对老板的要求和布置要力挺，工作中也要尽全力，不打折扣。另外，老板也是人，希望得到大家的认可，对老板带领团队取得的成绩，打赢的胜仗，要表达出称赞和敬佩。

（5）给领导搭台、补台。在工作中发现需要改善的地方及时与老板沟通。用心帮老板关注他关注不到的事情。如果发现工作中有漏洞，要积极与老板沟通，协助做好善后工作。有些老板不方便说的话和直接表达的意思，可以智慧地与老板打配合，将话头引出或替老板做转述，认真给老板搭台、补台。

（6）给老板以安全感。不越级汇报，不与老板争功，让老板感受到你对他的尊重和感恩，他培养你是他正确的决定，而且对他是安全的。如果你的工作受到更上一级的表彰，或者你的老板帮你做了推荐，一定要表示你是在老板的帮助和引领下取得的成绩，你对在他的团队工作很满意。

（7）老板有错也要适时提出。是人就会犯错，向老板提意见或指出错误要把握好时机和技巧。要替老板维护颜面。如果老板已经知道或改正就不要说了，如果他浑然不觉，可以在私下场合委婉提出，点到即可。

（8）懂感恩知表示。对于老板所给予你的承认、鼓励、晋升、加薪、奖励、机会等，要及时表达你的感恩，并以某种合适的方式表达你的感恩之情。

（9）如果能在共同的爱好方面与老板走得更近一些会更好，但没有共同的爱好，也无妨，不必为难自己。把与老板的关系维持在非常牢固的工作层面已经是很好的了。

成为老板的心腹干将，不是通过曲意逢迎，而是通过自己的真才实干，加上练达的人际能力。有了老板的重用和信赖，就可以更好地发挥自己的才干，在职场上走得更好更远。

2

当领导放狠话时，如何机智应对

在职场上，谁也不愿意被领导批评，但是被领导批评，尤其是当领导说出诸如"能干就干，不能干就走人"这样的狠话时，该如何应对？

如果我们并不想离开公司，还想在公司继续好好干，对于领导的批评就要引起充分重视，正确对待，化解危机。

首先，一定要搞清楚领导为什么批评自己，甚至放出狠话。

领导批评自己，可能有以下几方面原因：

（1）自己在工作中出了差错，给领导和团队惹了麻烦，直接领导挨了上级的批评；

（2）工作中遇到困难或者问题，没有及时向领导进行汇报或反馈，到了时间节点才提出，影响了团队的工作进度；

（3）自己工作能力或工作态度出了问题，不能按时按量完成工作，影响到团队的整体表现，领导忍无可忍；

（4）领导之前做过提醒，或再三要求不要出的纰漏或问题，再次出现；

（5）领导提出做改进或所要求完成的任务，没有达成；

（6）领导被上级下了死命令完成某项任务，在下达分解任务时，你没有看出颜色，还在和领导讲困难，谈条件；

（7）领导脾气大，遇事就着，习惯性骂下属；

（8）你之做了什么事令领导产生误解，领导借题发挥；

……

总之，领导不会无缘无故地批评你，所以，这个时候，重要的不是即刻做出回应、解释，或抗辩，重要的是要知道领导为什么这么做，一定要找出真正的原因。

其次，在明白了领导为什么批评自己以后，我们才能有所区别地加以应对，采取相应行动。

我们简要将以上所列原因加以归类：

第一类：工作失误类

此类主要是上面前两条。工作出现失误，领导因此发火，这个时候的正确态度和姿势就是坦诚担责，不要争辩和找借口，坦诚的态度能为自己会赢得主动，而且向领导表态认同他的批评，表示接下来会认真总结，以后不再出现类似失误。如此这般，领导心中的怒火会消减很多，也会冷静下来和你一起分析原因，制定相应措施。

第二类：能力不足类

此类主要包括上面第3-5条。一般来讲，除非我们做人太不敏感了，否则，在这几种情形下，我们不会在挨领导批评前毫无所知，什么感觉都没有。在这一类情形下，领导发飙说狠话，当事人要引起高度重视，因为这时的处境已经非常危险了。但我们要知道，领导批评、发飙、说狠话，其实还是在给我们机会，我们要珍惜。

在领导批评时，我们要诚恳接受，并且表示会珍惜领导给的机会，认真反思，并要在能力、经验、态度等方面积极改进，一定达到他的要求，不辜负他的信任。

被领导当众或私下批评是一件很令人难堪的事情，但这个时候，面子已经不是第一重要的事了，第一重要的是把自己的工作业绩提升上来。而提升业绩、改正错误，端正态度是第一位的。

领导虽然说出狠话，但他看到你诚恳的态度，会有可能再给你机会，把你留在他的团队，帮助你改进和提升。

第三类：轻重不分类

此类特指上面第6条。在这种情形，领导批评我们，说出狠话，可能并不是我们做得不好，或者犯了什么错误，很有可能是他被他的老板狠狠地批评过，而我们并不知道领导在之前所经历的，还在和他讲困难，谈条件，没完没了，领导对此情绪失控。在这个时候，如果他不告诉我们，我们有时很难判断领导的情绪来自何处，有点丈二和尚摸不着头脑。

如果领导是当众发火，我们有两个比较稳妥的处理方式：

首先，不吭声是最简单的方法，不要和领导当众发生争执，不让他当众下不来台。

其次，如果你觉得不吭声，不是自己的风格，你完全可以说"领导，我想会后约您，就这个问题，请求当面指教。"这既表明了你希望积极改进的态度，也显示了对领导的尊重，同时，也争取到和领导进一步沟通、增进了解的机会。面对这种积极态度，领导的感受是积极正向的。我们也朝着问题的解决，很自然地靠近了一步。

第四类：领导风格类

我们将第7-8条归入此类。有的领导脾气急躁，情绪容易失控，或者是借题发挥，为之前别的事情找后账，在我们确认自己并无过错的时候，要学会识别领导批评的情绪，同时学会管理自己的情绪。不当面和领导发生直接冲突，如果领导不是脾气急躁的人，但又莫名其妙地批评我们，我们就要反思有无可能之前有误会，尽快直接约领导私下进行交流，消除误解，重建信任。

综上，我们一直在重申和强调，在遭到领导批评尤其在说狠话时，不要当面发生顶撞和直接冲突，否则会不好收场。要尽快与领导进行私下的沟通交流。私下沟通时，必须保持客观冷静，态度真诚。以下是建议沟通的内容：

感谢领导安排这个沟通的机会；

表达自己希望进步的积极态度，让领导觉得他对你的批评起作用了，他能感受到你是很真诚很努力地想要达到他的要求；

找出领导对你不满的真正原因，对可能产生的误解做解释；

和领导一起，制定改进提升的行动计划；

约定定期获得领导的反馈，直至危机彻底解除。

总之，在职场上不管发生什么事都不要情绪化，遇到被领导批也是如此。我们要知道哪些才是核心利益，从问题中找到利益最大化，这样最终才会扭转局面给我们带来一些机会，让我们在职场中有更好的发展。

3

如何汇报更能体现你的能力

我以前一个做销售的同事G，他大学毕业从军，转业到地方时应聘了我所在公司的销售代表职位。加入公司后，他积极努力，认真工作，很快就在同一批招聘的销售人员中脱颖而出，被提拔成销售主管、销售经理、区域销售总监，他在各个岗位上业绩都非常出色，后来被任命为中国区销售总经理，这也是中国本地员工第一次担任这么重要的职位，可见他的能力之强。

我曾经请他总结过他的成长经验，除了销售业绩和团队管理外，他特别强调了在工作汇报时他是如何做的，是如何通过工作汇报不断与上级建立和增强信任，并赢得支持的。

在职场上，工作汇报是工作中的重要环节，如何通过汇报与上级保持顺畅沟通、解决问题、获取资源和支持、帮助上级做出决策，这些都考验着我们的智慧和能力，是每一个职场人要面对的课题。

所以，特将做汇报中最关键的内容分享给朋友们。

第一，汇报的目的

无论是口头汇报，还是书面汇报，最重要就是要明确汇报的目的。目的决定行动，行动决定形式，形式决定侧重。

汇报的目的主要分为以下三类：

1.知会型目的

汇报工作进展，展示工作成果，向上级汇报自己做了什么，怎么做的，下一步计划是什么……（周报、月报、季报、年报或针对具体工作或项目的汇报均属于此类）。上级只需要知晓你汇报的内容，不需要做什么，或做一些有针对性的批示即可。

2.请示型目的

针对工作中所遇到的问题或困难，你的建议、计划、解决方案、希望得到上级的指示、授权、批准和同意。上级不仅要了解你汇报的内容，还要做出回复，给出有倾向性的意见。

3.决策型目的

针对你提交的汇报以及其他相关信息，上级要做出重大经营决策，比如重点项目立项、新技术开发、新产品研制、新市场开拓，等等。你希望上级尽快给你资源支持，采取实质性的行动。上级不仅要全盘研究你提交的汇报和相关信息，还要就关键问题做出决策。

第二，汇报行动

目的分清楚了，在行动环节，主要有这样三步。

1. 想清楚

在汇报前把为什么汇报和向谁汇报想清楚。

这次汇报是让上级知晓？

是让上级同意？

还是让上级做出决策？

2. 抓重点

如果是让上级知晓，重点在于怎么让领导更清楚、更便捷地了解汇报内容；

如果是让上级同意，重点在于怎样让领导批准你提交的建议和请求；

如果是让上级做出重要决策，重点在于怎样才能协助上级下决心做出决策。

3. 细准备

想清楚了向谁汇报、为什么汇报、汇报的重点是什么，接下来就是要对汇报内容做认真准备了。

汇报的目的清楚、认真明确、认真准备，这样的汇报就是一个好的汇报。这样的汇报不仅可以达成汇报的目的，还可以通过汇报体现出自己的工作能力。

第三，汇报内容

对于知晓型汇报，要把情况说清楚，并准确回答上级的问题。汇报内容可以包括工作进展、总结、检查、评价、分析、成绩、缺点和不足，以及获得的经验、如何提高、下一步的工作计划，等等。

对于请示型汇报，可以借鉴我在前文提及的转业同事的做法。他对于需要上级批示的汇报，框架基本是：

（1）现在所遇到问题或困难是什么？

（2）他建议的方案A，内容包括所需资源、时间、行动计划、可能产生的后果及影响以及相应预案；

（3）他建议的方案B，内容包括所需资源、时间、行动计划、可能产生的后果及影响以及相应预案。

每次他都是先对问题和困难做认真分析和研究，自己先做出认真的思考，他不是把问题甩给老板，向老板要答案，而是带着可能的答案请他的老板做选择题。这样用心的下属，有哪个老板会不欣赏？

对于决策型汇报，这个比请示型汇报难度要更大，做这种汇报的时候，要站在老板及公司的角度去准备自己的汇报，要尽可能全面地提供相关背景、外部市场、内部条件、资源投入、可能收益、风险管控等关键信息。

信息越完整，逻辑越清晰，越方便老板认真评估衡量，做出相应决策。如果汇报内容有明显缺陷或错误，轻则会直接导致你的提案被否定或搁置，重则会令老板造成误判，这不仅直接影响到你的下一步工作开展，还会有损你在老板心中的形象。

第四，注意事项

无论汇报是以上哪种目的，无论是书面汇报还是口头汇报，在汇报的准备过程中以及汇报过程中都要注意以下事项：

条理清楚、结构合理、语言简洁、精练、准确；

突出重点，重点工作多讲，非重点工作少讲；

实事求是，不夸大事实，不隐瞒真相；

结论客观，要有分析，有数据支持，而不是凭空推测；

报告正式提交前要经过校对复审，尤其是关键数据、关键结论等，必须做到准确无误，否则会影响公司的决策以及你个人在老板心目中的形象。

总之，汇报是我们日常工作中非常重要的一部分，通过有效的汇报，可以与上级建立和增强信任，并赢得他们的支持，帮助我们达成业务目标。而且在整个汇报过程中，我们的各项能力也能不断得以提升，比如逻辑概括能力、表达能力、沟通能力、学习能力，等等，通过汇报，我们的各项工作能力、业务水平以及潜能也可以充分地展现给我们的汇报对象。所以，在工作中认真地对待汇报工作是非常值得的。

4

什么问题应该向老板汇报

最近，刚刚进入职场不久的小明同学遇到了一件苦恼的事，当他向老板汇报自己在工作中遇到的问题时，老板表现得很不耐烦，问小明："这个问题告诉我干什么？"小明说："我想听下您的意见。"老板说："什么问题都问我，公司要你干什么用？"小明向大学同寝室的小伙伴们求助，发现，大家都遇到过类似的情况。

于是，小明同学开始困惑了，再遇到问题，究竟要不要向老板汇报呢？老板都那么说过了，还去汇报，会不会让老板觉得自己没有工作能力呢？如果遇事不汇报，万一问题越来越严重，给公司造成损失，岂不是更糟？

在职场上，向老板汇报问题是必修课，把握得好坏直接会影响到小伙伴们在老板心中的位置，下面我们就一起来看看，究竟应该向老板汇报什么问题和汇报问题时应该把握的几个重要原则。

先说向老板汇报问题时，要把握的几个原则。

1.汇报问题时，带上解决方案

汇报问题的核心是你为老板讲解问题以及解决方案，而这不是让老板想办法解决问题。

2.先说要点，老板问，再说细节

有的小伙伴在汇报时，总是喜欢从头到尾，按时间顺序，娓娓道来，这很让老板着急，他希望先知道重点，再根据自己的习惯，通过问题获得关键问题的细节。

3.重点放在老板关心的问题上

老板关心全局和重要的事，因此，在汇报工作时，可以直接将重点放在老板感兴趣的问题上，这样才能获得你和老板都满意的效果。

4.目的明确

不要考验老板的想象力，直接告诉他你汇报问题的目的是什么，且你给出的所有信息都支持你希望达成的目标。

接下来，我们举例说明，究竟哪些问题必须向老板汇报，哪些需要根据具体情况具体掌握，哪些是需要避免的汇报。

第一，必须汇报的问题

1.汇报需要老板解决的问题

这些问题会影响我们实现自己的业务目标，而以我们个人的经验、能力和职责范围又无法解决，比如，需要其他团队的配合、额外的资源投入，甚至工作经验的分享，等等，而这恰恰是老板可以帮助解决的。

2.汇报老板需要解决的问题

有些问题会影响整个团队业务目标的实现，这类问题可能体现在某一个或几个员工身上，实际是整个团队的问题，只有老板及时了解，及时解决，才能保证团队的战斗力处在最佳状态，比如，内卷、工作效率低下、员工离职率高，等等。

3.老板需要知道的信息

— 任何工作的新计划、新想法，必须获得老板的批准之后才能继续推进。

— 重要工作是否按照计划顺利进展，取得了阶段性成果，胜利完成，这类信息都需要及时让自家老板知道。

第二，根据具体情况具体掌握的问题

1.这个问题是否可以通过自己的努力解决？

— 如果你可以通过自己的能力快速解决问题，就不需要向老板汇报。

— 遇到那些靠你个人的能力，很难解决的问题，一定要带上解决方案，及时地向老板汇报，这样可以：

（1）加快解决问题的速度。因为，你是最了解困难的，掌握着一手信息，你所提出的方案会对解决问题帮助很大。

（2）通过组织解决方案，可以提升自身的经验和能力。

（3）同时，给老板一个好印象。其实，很多时候，公司是通过面对问题的态度来考察员工的。

2.这个问题是否影响到其他人？

如果影响到其他人，就需要向老板汇报，以便他采取相应的措施，阻止影响进一步扩大，确保整个团队保持最佳的工作状态。比如定好的工作计划可能提前完成，或者不能及时完成，再或者压根就不能完成，这些情况，老板必须在第一时间内被同步，因为他需要做出相应的调整，比如人员和资源的调整、业务目标的调整，等等。

3.这个问题是否会造成公司的损失？

如果造成损失是不可避免的事情，一定要及时告诉老板，他需要想办法尽量降低损失，减少对公司业务和团队声誉的负面影响。

第三，需要避免的汇报

1.越级汇报问题

职场有职场的游戏规则，越级汇报是大忌，直接会影响员工和老板之间的信任关系，最后吃亏的一般是员工。

2.汇报其他同事的问题

- 每个人对自己的工作负责，不要主动向老板汇报其他同事的问题，这中间可能缺乏全面性，会误导老板，最终给老板留下一个不靠谱的印象，还可能影响自己在同事中的威信。

- 除非影响到你的工作，最好不要向老板汇报其他人的隐私。职场如战场，你不知道自家老板和隐私的关系，话一旦说出去，事情的发展就不在你控制的范围内了，你根本不知道自己最终会受到什么影响。

对于刚刚离开校园的小伙伴们，缺乏职场经验很自然，遇事，可以请教你信任的前辈，听听其他人曾经的尴尬，一来可以减轻自己的沮丧心情，二来从前辈的故事里，也可以找出适合自己的路。如果你想请教现任同事，一定要小心，最好选风评良好，与自己和老板没有利益交集的前辈，在沟通过程中，不仅要保持积极正向，最好隐藏一些敏感信息，避免给自己增添新的麻烦。

5

如何获得老板对你表现的真实反馈

Charles是一位刚刚进入职场一年的小伙伴，他对事业有追求，工作非常努力，他感觉平时老板对自己的工作挺满意的，但是，在年底业绩考核时，老板却只给他打了一个平均分。Charles问老板："我有哪些需要提高的地方？"老板只是简单地回答："都挺好的，再接再厉。"

Charles同学苦恼了，对于刚刚进入职场不久的他，特别希望老板能告诉自己，哪些地方做得好，哪些地方做得不好，为他指出明确的努力方向。

Charles的需求是非常合理的，作为老板，最重要的责任之一，就是帮助员工发扬优点，改正缺点，不断提升竞争实力，但是，为什么很多老板不直接向员工提供真实反馈呢？

1. 缺乏勇气

其实，老板也忍得很辛苦，他之所以没有给员工提供真实反馈，是因为他们害怕伤害到员工的感情或引起冲突，如果员工因此工作热情被打击，不好好干了怎么办，愤然裸辞了还得重新招人，多麻烦。

2. 缺乏意识

老板没有意识到提供真实反馈的重要性，这和管理经验有关，毕竟，大部分的一线经理在被提升前并没有太多管人的经验，需要一个学习成长的过程。

3. 缺乏信任

老板没有给员工提供真实反馈，是因为他们不相信员工能够接受建设性的批评和意见。"现在的年轻人，只能听表扬。你不表扬他们都受不了，更别提批评了。"

4. 缺乏机制

没有建立有效的反馈机制，导致老板无法给员工提供及时、准确、具体的反馈。很多公司非常不负责任，秉承"能干就干，不能干就走人"的原则，员工能否生存全靠自己误打误撞。

那么，小伙伴们究竟在哪些方面真正需要老板的反馈呢？

1. 工作表现

像Charles同学一样，小伙伴们确实需要尽快搞清楚自己的工作表现是否符合公司的要求和标准，搞清楚了，前途一片光明，相反，可能累死累活，都没有用。

2. 目标

都说职场如战场，如果是在战场上，指挥官一声令下："冲啊！"大伙抡着大刀，冲向东面的敌军阵地，这时，有一个小伙伴不要命地往西跑，因为他搞错了冲锋的目标。脑补下这个镜头，是不是有些不可思议？所以，在每一次"冲锋"前，小伙伴们一定要和老板确认，把目标搞得清清楚楚。

3. 职业发展

为什么员工的职业发展需要老板的反馈？

- 因为员工发展最重要的途径是在岗培训，也就是在工作中锻炼成长，我们在哪些方面做得好，哪些方面需要提升，肯定需要老板的意见。
- 老板掌握着团队的资源，比如，培训、升职、转岗，这些都是老板说了算，他需要根据每一位员工的具体情况，做出合理的安排。

4. 薪酬

对于小伙伴来讲，薪酬的高低体现了你在公司的价值。老板对你表现的反馈，通过薪酬可以直接体现出来。无论平时说得多好听，吃肉的时候，老板有没有想着你，才是那个你想要的事实真相。

最后，小伙伴们到底该如何获得老板的真实反馈呢？

可不可以直接去问老板"您觉得我表现如何？"答案是"不妥。"因为，表现好坏是需要就事论事的，很难笼统地去评价。你可能这件事做得好，那件事却还有改进的空间。

那么如何就事论事地获得老板对自己工作表现的真实反馈呢？我们以完成一个项目为例。

第一，在项目的计划阶段

一般情况下，一个项目需要明确的目标，实现目标所需要的人财物，以及达成这一目标的工作计划。

如果你是项目负责人，在作出详细的工作计划后，你可以邀请老板针对工作计划给出反馈。通常情况下，此刻，老板的反馈是绝对真实的，特别是哪些地方需要调整，因为，他需要确保项目的成功。

第二，项目的推进过程

在项目的推进过程中，你可以定期向老板汇报项目的进展情况，同时多听听老板的反馈。

因为，你是项目负责人，老板对项目的反馈，其实，就是对你这一阶段工作的反馈。

遇到问题，带上自己的解决方案去见老板，他一定会告诉你，哪些地方做得对，哪些地方需要调整，因为，老板需要看到问题的顺利解决，否则就会影响到团队业务目标，也就是老板目标的实现。

第三，项目完成以后

项目完成后的总结非常重要。它包括成绩和问题。

为了团队整体能力的不断提高，老板一定会就项目的整体结果给出真实评价，对项目的评价，就是对你工作表现的直接评价。

以上方法，不仅可以帮助小伙伴们轻松获得老板的真实反馈，同时可以帮助你发现自己的差距，不断提升自己的竞争力，在完成业务目标的过程中，少走弯路，久而久之，建立起你和老板之间相互理解和信任的关系。

那么,薪酬什么时候谈呢?

一般情况下,老板会在每年绩效考核的最后阶段,结合员工的业绩表现,给出和薪酬相关的反馈——涨工资的比例,有些公司还会结合业绩表现,给出浮动工资的发放比例,这个绝对能体现出老板对员工表现的真实想法。

6

做好4件事,成就你和老板的良好关系

在职场上,员工和老板关系不好,大多数情况下,吃亏的是员工,比如:

团队里,大家都不愿意干的活一定是你的;

工作遇到问题,一定是你的错;

绩效考核,公司要求的bottom 10%非你莫属,升职根本不存在;

一旦裁人,你的名字第一个出现在老板脑子里。

为什么和老板的关系不好,吃亏的一定是员工呢?

公司指着老板交业绩,就要给他相应的授权,而且一般不会干预他的日常工作。即使员工挨了欺负,向上一级汇报,除非老板违反了公司

的规章制度，或者法律法规，一般情况下，公司会听老板的意见。

作为团队的管理者，老板掌握着整个团队的资源，如何在团队成员之间分配，老板说了算。比如，项目和预算如何分配，直接会影响到团队成员的业绩结果，好的项目加预算的倾斜，业绩怎么可能不好。再如，团队内部提拔谁，一定是老板说了算。

作为员工，有没有一个简单的模板，可以帮助我们建立起和老板之间的良好关系呢？其实，也不难，你只需做好下面4件事。

1. 完成自己的业务目标

老板喜欢能力强，能够持续完成，甚至超额完成业务目标的员工。因为，老板的业绩就是他手下员工业绩的总和，任何一个员工的业绩表现，都会直接影响到老板的成绩。说白了，影响员工和老板之间关系主要的因素之一，就是员工的业绩表现。

2. 把握好职场游戏规则

（1）唯老板马首是瞻

Stella是老板的积极追随者，她的特点就是唯老板马首是瞻。老板提出的战略方针和想法，她总是坚决支持，不仅确保自己的团队毫无异议地贯彻执行，还积极影响其他团队的决策。Stella还积极主动地承担一些本来是老板应该完成的杂事，这大大提升了她在团队里的价值，获得了老板的高度认可和信任，三年内，她获得了两次升职。

（2）给足老板面子

你不给足老板面子，你就没有面子，尤其是在公开场合，保护老板的面子是很重要的事，这体现在日常工作中的方方面面，比如：

意见不一致时，不要和老板硬杠，你可以表达自己的意见，态度一定要积极客观，一旦老板作出决定，一定要坚决服从，服从是对老板权力的尊重；

永远不要在老板面前使性子，甩脸子。记住老板不是你爸你妈，不会忍受你的坏脾气。能干又懂事的人多了，他为什么要给自己留一个定时炸弹在身边，随时让自己提心吊胆呢？

（3）理解喜欢老板

俗话说得好"人心都是肉长的"，老板也是人，也有七情六欲，也希望手下对自己好。你对老板好，老板嘴上不说，心里有数，且一定会在重要的环节体现出来。

3. 保持和老板的顺畅沟通

老板是根据他所获得信息，对事情做出判断和决策的。因此，小伙伴们，一定要保证和老板的沟通顺畅，把你希望老板掌握的，对你有利的信息，源源不断地、及时地传递给自家老板，帮助他做出对自己有利的正确决定。

和团队的沟通，对老板来讲，也是非常重要的事。因为，他需要掌握团队的工作进展情况，只有及时了解问题，才能及时解决问题，从而确保团队按时按量地完成业务目标，也就是按时按量地完成自己的业务目标。

所以，小伙伴们一定要建立起一套有效的沟通机制，确保老板接收到对你对他都重要的信息，这是一件双赢的事。

4. 注重团队合作

在职场中，员工之间，团队之间，经常会产生各种矛盾冲突，给业务目标的实现造成很多麻烦，搞得大家都灰头土脸。遇到这种事情，大部分人的做法是，找到自家老板，把问题丢给他，殊不知，这是老板最烦的事。

注重团队合作的人，也会遇到各种问题，但是，他们总是设法自己摆平这些问题，达成目标，事情到老板那，通常已经是过去时了，即使还在过程中，他们也是拿着解决方案去听取老板的意见，而且，他们的解决方案，通常会兼顾到相关各方的利益，不仅让自己达成目标，也会帮助合作伙伴达成他们的目标。

对于这种宝藏员工，是个老板，只要不傻，就知道该如何处理好，自己和他们之间的关系。

职场是一个成年人的世界，大多数情况下，只能靠自己，不能指望其他人。对于职业发展有追求的小伙伴们，就需要付出比一般人更多的智慧和努力，其中，最值得下功夫管理好的就是你和老板之间的关系。

7

把握6个点，智慧地化解你和老板的矛盾

Chris辞职了，她约HR小姐姐办理离职手续，谈到离职原因时，Chris一度哽咽，感觉很委屈。她告诉HR说，有大概半年的时间了，老板见到她就没好脸，无论自己做什么都挑毛病，她想来想去，可能是老板误会她跨级向大老板汇报了团队的问题，因为老板当着自己的面，话里话外提过好几次"大老板是怎么知道的？""其实我真的挺舍不得你走的，只是老板有这个心结，大家都不好过。"

我在企业从事人力资源工作近30年的时间，处理过很多员工和老板之间的矛盾，现在，把这个矛盾的主要原因和应对的正确方法总结如下，希望，可以帮助到小伙伴们，机智地避坑。

先来看看员工和老板关系不好的主要原因是什么？

1. 由于种种原因，员工没有完成自己的业务目标

这通常是员工和老板关系不好的主要原因之一。因为老板的业绩，是自己员工业绩的总和，任何一个员工没有完成业务目标，都会直接影响到老板的业绩。这种情况下，无论具体原因是什么，受埋怨的肯定是员工。

2. 员工或老板，个性比较强

员工和老板在工作中，很难避免，对问题的看法和处理方式有所不同，在这种情况下，如果双方，或者任何一方个性比较强，处理人际关系的能力比较弱，或多或少地，都会引起彼此之间的不愉快。

3. 误解引发矛盾

职场是个复杂的环境，鱼龙混杂，大家的诉求也有差异，误解可能是无意间发生的，也可能是人为的结果，影响到员工和老板的关系，是很常见但又很无奈的事。比如上文提到的Chris的经历。

从这些原因可以看出，员工和老板之间的矛盾，并不是不可避免的，特别是从员工的角度，看见坑了，咱就填了它，不行就绕着走。具体该如何做呢？

1. 首先，控制情绪，调整心态

无论具体原因是什么，如何解决，小伙伴们首先要做的就是控制自己的情绪，调整心态，不要闹崩，给自己留出回头的余地。一定要记住，发脾气，什么问题都解决不了，只是一时痛快，后患无穷。冷静的方法很多，比如，请一周年假，来一场说走就走的旅行，给自己，也给老板时间，调整心态，这不是逃避，也不是意气用事，而是智慧的选择。

2. 主动出击

- 比如前文提到的Chris，如果她和老板可以积极地面对，真诚地沟通，一起想办法解决问题，最后的结果可能就完全不一样。

有的小伙伴认为，这种事情应该是老板的责任。老板当然有责任解决问题，但是如果老板不善于解决这类问题怎么办呢？难道就眼睁睁地看着作为员工的自己吃亏吗？

问题已经出现了，不解决，员工一定会吃亏，主动做出解决问题的努力，虽然可能成功，也可能失败，但还是要尽力尝试着去解决问题，只有这样对员工自己才更有利。

3. 找出产生矛盾的真正原因

有些原因是表面的，比如，老板批评你的某一次周报不够详细，你研究了下，好像和以前的报告没有什么太大的差别，在你怼回去前，一定要认真想想，老板究竟在计较什么，找出其中真正的原因。

你可以拿着这个周报，直接问："老板，我检查过了，没有发现问题，能请您指导一下吗？"

谈完具体问题，你可以进一步真诚地说："老板，我刚刚进入职场，没有什么工作经验，如果有什么做得不对的地方，您一定要指出来，我肯定改。"老板遇到这么懂理的手下，自然就会采取相应的行动了。

4. 积极采取有效的改善措施

如果发现，确实是自己不对，应马上主动承认错误，态度真诚，且永不再犯，这没有什么丢人的，反而会赢得老板的另眼相看。

如果你也搞不清楚，究竟问题出在什么地方，那就要做好两件事：

一方面，不断努力，完成自己的业务目标，工作干的好，老板指着咱，就什么都能原谅，谁会和业绩过不去呢？

另一方面，就是加强和老板的沟通，多请示，多汇报，让老板感受到你的真诚，这实际上就是向老板表明自己立场，同时，也会影响到他的想法。

实事求是地讲，大多数情况下，老板也不希望和自己的员工产生矛盾，因此，改善的意愿是相互的。

5. 请求上一级领导的帮助

如果是老板的原因，导致矛盾不能解决，小伙伴们可以请求上一级领导的帮助，但，一定要慎重选择帮助者，因为处理这类事情需要智慧，不同的人，处理的结果可能会完全不同。

6. 调整工作岗位

如果矛盾很难解决，员工可以考虑调整工作岗位，但选择一定要慎重，以确保新的工作契合自己职业发展现阶段的需求。不要让这个矛盾影响到自己的职业发展。

员工和老板的关系出现问题，是职场上常见的事，无论是什么原因，或早或晚，每个人都会遇到，如果处理不好，对员工的影响一定是负面的。因此，当小伙伴们第一次遇到这个问题时，最好把它当作一件重要的事，里里外外研究透彻，尽快找出解决方案，并通过自己面对的问题认真加以练习，确保自己真正具备了把控这类问题的能力，这样老板就再也不会出现在你的问题名单里了。

8

与老板沟通的正确姿势

在职场的日常工作中,我们会用很多的时间和精力进行沟通。工作完成得顺利与否,很大程度上与沟通的好坏、沟通效率的高低有密切关系。而在所有的沟通当中,和老板的沟通是最为重要的。

为什么这样讲呢?因为:

与老板的沟通确保你的工作在正确的方向和轨道上;

老板需要及时了解你的工作进度,与老板顺畅地沟通,可以让老板对你的工作给出及时的反馈,保证你在工作中少走弯路;

与老板顺畅的沟通可以帮助你和老板建立相互信任的关系;

老板对你的工作及时给出反馈,能帮助你快速成长。

那么,怎样才能与老板做高效的沟通?并让这种沟通成为你职业发展的助力呢?

在沟通中,我们的读、写、听、说,包括思维等方面的能力全部都要派上用场,缺一不可。与老板做高效的沟通必须要把这几方面的能力都发挥出来,而且要恰到好处。

工作中与老板的沟通,主要会有以下几种场景:

我们接受老板的工作指令和安排;

就项目或工作向老板做汇报；

你提出的建议或方案寻求老板的批准或授权；

就棘手的问题或困难，寻求老板的支持和帮助；

关于重大项目立项或年度预算等，向老板提交方案；

……

无论是基于哪种场景，沟通都可以被拆解成两个动作，即"输入"和"输出"。有些沟通从输入开始，有些沟通从输出开始。比如，在上述场景中，场景1就是从输入开始，而场景3就是从输出开始。

"输入"的重点是：听细、看全、想明白；

"输出"的重点是：说清、写好、要回馈。

而与老板的沟通中，还有一项重点是老板的工作风格和习惯。

第一，老板的工作风格和习惯

每个老板都有自己的个性，有自己的做事风格和习惯。所以，我们在与自己的老板做沟通时，要多注意按他习惯的方式做沟通，而不是按照我们自己习惯的方式做沟通。比如老板是粗线条单刀直入型，不喜欢太多的铺垫，那么你在与他沟通时，比如遇到困难寻求支持和帮助，无论是书面还是口头，要结论先行，简明扼要，不要绕来绕去，要直接切入正题。但是，如果你的老板是关注细节型，那么你在做沟通时就要提供更多的细节方便他了解背景，做出判断。所以，在沟通时你按照老板的思维和习惯，就会更加高效顺畅，也会令老板觉得和你一起工作很得心应手。

第二，关于"输入"：听细、看全、想明白

如果是面对面交流，你一定要把注意力放在倾听上。多听，少说，多观察。在倾听过程中，要时有回应证明你在认真听老板讲话。在恰当的时候回应领导，或提问、或加上你的理解以确认没有遗漏老板所布置的工作细节和具体要求。

对于老板的邮件或书面回复，要仔细认真阅读，切莫马虎有所疏忽。

对于老板的书面或口头的指令、反馈和要求，要认真思考，洞悉和揣摩，想明白老板的真正意图和要求。如果没有完全想明白，要带着思考找老板确认问清楚。在此前提下，再开始相应的行动，如果因误解老板指令或意图造成工作失误，责任全部在自己。

第三，关于"输出"：说清、写好、要回馈

关于"说清""写好"，主要是在与老板沟通前，要按照老板习惯的方式，认真组织语言，准备报告或邮件。准备的内容要达到以下要求：

条理清楚，结构合理，语言简洁、精练、准确；

突出重点，重点工作多讲，非重点工作少讲；

实事求是，不夸大事实、不隐瞒真相；

结论客观，分析判断要有数据支持，不凭空推断；

准备提交的报告或正式汇报前，要对内容校对复审，尤其对于关键数据、关键结论等，必须做到准确无误，否则会影响公司的决策以及你

在老板心目中的形象。

关于要回馈，这点对于沟通是最重要的。任何有效的沟通都是有结果的，而老板的回馈就是沟通的结果。老板的建议、批准、授权、向上级相关部门转呈、改正意见，包括打回让修改调整等都属于回馈。与老板沟通的目的就在于获得老板的回馈，这是这一轮沟通环节的结束，也是下一轮沟通环节的开始。

第四，其他注意事项

对老板布置和关注的工作，沟通的原则是"事事有回应"。无论是事前、事中，还是事后，都应该主动让领导知晓进展情况，可能老板收到我们的报告并没有明确指示，但这样依然可以增强领导的信任感，并且也可以帮助我们降低返工修改的风险，节省时间和精力，实现双赢。

和老板约定好，形成定期书面汇报和面对面的汇报沟通机制。很多公司都有这样的要求，但是很多人将这个定期的书面汇报流于形式，这是一个不小的损失。你定期有一个沟通机会，让老板认识你的能力，为什么不去认真对待呢？将它看作是展示自己的机会，认真对待，等于你定期在告诉老板：看，我多棒！久而久之，效果可想而知了。

而与老板面对面的沟通机会就更为宝贵了。我们可以当面获得老板的指点和建议，老板比我们的工作经验多，掌握的信息多，老板的反馈可以帮助我们学习到很多东西，实现快速成长。

总之，与老板的沟通，就是要贴近领导的日常习惯，充分利用好沟通中的各个环节，通过自己的能力和高效的沟通，赢取老板对我们的信任、支持和帮助，解决在工作中遇到的问题和困难，从而不断提升我们的工作业绩。

第五章
CHAPTER 5

同事相处，在竞争与合作中共同成功

1

如何面对工作中的意见和批评

听到他人的意见、受到批评或指责，依照个人的阅历不同、经验不同、水平不同，对于批评和指责的态度和处置方式也不同。态度正向，处置灵活得当，他人的意见和批评就会变成走向成功的又一助力；态度负面，应对过激不当，就会成为职场上的障碍，不但不能解决问题，还有可能会产生矛盾、造成误解，引发口角冲突。

当我们在工作中听到别人的意见、受到他人批评的时候，应该如何应对呢？以下是我给出的建议。

第一，开放心态

没有人喜欢来自他人的意见和批评。当听到意见或被批评时，绝大多数人的第一反应是抗辩、解释、澄清、找理由、找借口。下意识地掩饰可能存在的问题，或者为自己可能犯的错误找到合理的缘由，要表述的意思无外乎是"没这回事儿""你说得不对""这不怪我""我没责任"……

然而，这个时候的正确态度应该是：

无论对方提出意见或进行批评的出发点是什么，我们在第一反应都不要从恶意的一面去揣测对方的动机，而是先假设对方的初衷是善意的；

意见也好，批评也罢，都不是针对我们个人的；

他们提出的意见可能是正确的、进行的批评是中肯和不偏颇的，一定先不要否认和抗拒这种可能性。

做到以上几点很难，但是这非常重要，重要的事情就要努力去做。

第二，认真倾听

凡事先找到正确态度，事情就已经成功了一半。

排除了情绪和偏见可能对自己的干扰，接下来就要专注地倾听对方提出的意见和批评的内容。

把注意力放在对方所表述的内容上，了解意见和批评的详情，搞清楚实际状况。关注问题，关注事实，关注过程，关注对方的出发点，以及对方的真实诉求和希望我们做改进的地方。

在这个环节先不要做过多的解释和说明。

第三，对意见和批评的内容做分析和判断

在收集了他人的意见后，要基于自己掌握的信息对意见和批评进行快速分类和过滤，具体情况具体分析，然后做出自己的判断，是属于以

下哪种情况：

确实是自己的问题；

是误解造成；

掌握的信息不全面，不能即刻做出判断；

对方意见和批评的事实依据不完整；

意见和批评没有事实根据。

第四，妥善应对

以上几种情形基本可以分为两大类，但无论是哪种情形，都要冷静、礼貌、职业地应对。

第一类，确实是自己的问题。对方的批评和意见完全是正确的。这时，建议你这样做：

（1）首先要承认错误，愿意承担相应责任；

（2）对自己的问题本身，以及因问题给对方造成的麻烦或困难表示真诚的歉意；

（3）把双方对错误本身的关注点，引导到解决问题上去，汲取对方批评或意见中的有价值内容，商讨解决方案和补救措施；

（4）表示会认真总结，保证以后类似的问题不会再出现；

（5）最后向对方表示真诚的感谢。这不仅可以彰显你开阔的心胸，同时，还会转变批评者的态度。想想自己在工作中的经历，真诚的态度，是不是会将濒临人身攻击的争论，成功地引向积极正向的结果。

第二类，如果对方的意见或批评是其他几种情形，或者是误解造成，或者是依据不完整，或者是意见及批评没有事实依据。

这时你是占理的，而且很可能你完全占理，而对方是错的。但是，这个时候你要做的是，得理且让人。不能让对方下不来台，令双方尴尬，把对话聊死。这时要想着给对方以台阶。实际上，给对方台阶就是在给自己台阶。

你可以这样做：

（1）对方当面提意见或进行批评，这是一种信任，首先对这份信任表示感谢；

（2）其次，把你现在所掌握的信息以及事实告诉对方，请对方掌握更全面的信息后，再次做出判断；

（3）接着，你可以表示，你所掌握的信息可能有不完整之处，你会进一步核实和跟进；

（4）最后，你表示会积极采纳和考虑对方的意见，对工作中的问题做调整和改正。

妥善处理好他人的意见和批评有诸多的益处：

（1）避免问题出现，圆满完成目标。俗话讲，众人拾柴火焰高。他人的意见不仅可以帮助你及早发现和解决问题，并获得自己没有想到的好方法，同时帮助你圆满完成业务目标。

（2）快速成长。善于听取意见的人，懂得从这些意见中不断汲取自己所需要的东西，为己所用，他们比一般人成长得更快。

（3）增加个人威信。虚心听取他人意见的人，不仅让大家认识到你的心胸和包容，还会赢得他人的尊重，建立起自己在人群当中的威信。

（4）给领导留下好印象。做领导的不喜欢下属总爱找借口，他更欣赏一个有担当、负责任、以解决问题为导向的下属。在他批评你时，你表现出的谦虚态度和高情商会给他留下好印象的。

只要我们在工作中勤思考，常练习，多观察，善总结，我们一定能在这个过程中获益并帮助我们自身的成长。

2

和同事相处，遭遇这个忌讳怎么办

Linda和Mary都是秘书，午餐后结伴散步。

Linda的老板是Susan。

Linda问Mary："你说Susan对你家老大是不是有点儿意思？"

Mary问："为啥这么说？"

Linda答："Susan看你家老大的眼神绝对不正常。你没注意吗？"

接着，Linda讲了一路，Susan的眼神是如何不正常的。

就这么一段捕风捉影，被Mary告诉了Susan，不知道Mary告诉Susan的目的是什么，结果暴怒的Susan拉着Linda就去找了HR，Linda肯定是矢口否认，坚称自己被陷害了，于是Mary又被叫来对峙，场面真是一言难尽。

最后的最后，Mary和Linda都离开了公司。

作为同事，又都是年轻的女孩子，本来最适合邂逅聊天的内容是娱乐圈的花边新闻、社会新闻，聊聊新上的各种剧目，可说的八卦数不胜数，而她们偏偏选择了最最敏感的话题，结果真是始料不及，害人害己。

在职场上，有的人确实喜欢搬弄是非，他们想达到什么目的呢？这个因人而异，五花八门，我们一起来看看最常见的几个。

1. 个人恩怨

比如，同事之间有矛盾，或者发生过争执，总之是相看两厌，其中一方，到处散布对方的负面信息，以发泄自己的情绪，试图通过破坏对方的名誉打击对方。

2. 传递信息

比如，Linda告诉Mary的故事，有可能是希望通过Mary提醒老大，注意和Susan划清界限，避免对老大的声誉产生影响。也有可能是因为，Linda自己和Susan的关系不好，试图通过传播对Susan不利的信息，让其他人对Susan产生不好的印象。

3. 增加对自己有利的砝码

Susan是Linda的老板，假如他们两人的关系不好，Linda应该处在相对不利的位置上。但是，如果Susan对老大有非分之想，这就说明她的是非观有问题，这时候，处在绯闻风暴中心的Susan，再去处理她和Linda的关系时，就不得不小心谨慎了。

4. 社交交流

办公室的日常，枯燥乏味，且压力山大，因此，大家都愿意在忙里偷闲时，聊聊张家长李家短……这些八卦是一种调味剂，也是拉近同事之间关系最有效的手段，"除了你，我谁也没告诉。"虽然这句话可信度极低，但很有迷惑性。

5. 满足好奇心

有些人特别喜欢八卦，通过背后谈论他人可以满足他们的好奇心。这一点，各种自媒体的排行榜就可以证明。

既然知道搬弄是非的人是有备而来的，小伙伴们就要提高警惕，遇到是非，尽量躲得远远的，避免被人利用，无辜受到牵连。具体如何做呢？

如果对方是有意向你传递信息，根据情况，表明自己的态度。没必要疾言厉色，但一定要让对方明白你的态度，而，这个态度一定是积极且正面的。就算你心存疑虑，也不要向这位有目的的同事表露，而是应通过更加安全、值得信任的渠道调查清楚情况，然后解决问题。

如果只是茶余饭后的瞎扯，你可以选择，有一搭无一搭，不扫兴，同时还配以，"是吗？""真的？""不敢相信。""哇！"等没有任何倾向性的回复，不要附加任何个人意见，以免下个版本里，出现你的身影，比如，那谁谁也这么认为，或者，那谁谁就是这么说的。

如果是出于个人恩怨的泄愤，作为局外人，你不知道来龙去脉，事实真相，也就没有能力为解决问题做出积极的贡献。在这种情况下，三十六计，走为上策。你可以说："不好意思，我这还有个报告，今天必须交。咱们找时间再聊。"改天聊是个借口，聪明人一听就明白，你对这趟浑水没兴趣。

俗话说：树欲静，而风不止。在办公室这个小江湖里，就算你不去招惹别人，也可能因为种种原因被人惦记，传播对你不利的信息。比如，你的竞争对手、妒忌你能力强的人、误解你的人，等等。

遇到这种情况，小伙伴们应该先给自己点个赞，这绝对说明，你有分量了，比其他人强大了，别人才需要花费心思，在背后，试图通过搬弄你的是非打击你，达到自己的目的。那么，应该如何正确应对呢？

1. 保持冷静

人在生气的时候智商一般为零。遇事，不要过于激动或情绪化，急于做出反应，最好是冷静地分析情况，找出解决问题的最佳方案。

2. 了解具体情况

了解别人说的是什么，涉及哪些人和事，以及这些人和事与你有什么关联，这些可以帮助你更好地应对那些背后的是非。

3. 找到证据

谎言看着不可一世，张牙舞爪，但是，在事实面前就会原形毕露。比如，工作记录、电子邮件或其他相关文件，仔细找找，都有可能成为粉碎谎言的有力证据。

4.直接沟通

如果有人在背后散布你的负面信息，可以直接找到这个人，问问为什么，了解他的真实想法。有时候，也许只是误会，通过直接沟通就可以解决问题。

5.寻求支持

如果你受到了不公正的待遇，可以寻求自家老板、HR和公司的帮助。注意，先和自家老板聊，解决不了，再去找HR，如果还解决不了，再通过申诉流程寻求公司的帮助。

6.自我反思

在处理背后的是非时，最好自我反思一下自己的行为和态度，看看自己是否有需要改进的地方，以便未来更好地处理类似的情况。

有人的地方就有是非，很难避免，小伙伴们能做的就是面对职场上的是是非非，既不参与，也不害怕，要尽力保持冷静，理性思考，寻找合理的解决方案，最终，这些是是非非都会成为我们成长路上的垫脚石。

3

人在职场，如何正确与人合作

在职场上，想生存，就要与人合作。比如销售，需要工厂生产出高质量的产品，售前工程师帮助客户了解产品的优势，物流将产品安全准时地运到客户手里，售后工程师安装调试确保正常使用，中间任何环节出现问题，都会影响到客户的体验满意度和购买决定。一个销售的成功，靠的不仅仅是他个人的能力，而是整个团队的通力合作。那么，在职场上，影响合作成功的主要因素究竟是什么呢？

1. 信任

同事之间，信任是合作最基本的因素，这意味着他们需要相信对方的能力和诚信。如果信任你的同事，你就可以更加自由地分享想法和意见，同时也能更好地接受他们的反馈和建议。

2. 目标

在合作开始之前，同事之间需要明确合作的目标和期望值。这可以帮助大家更好地理解彼此的责任和任务，并且可以确保所有人都朝着同一个方向努力。

这很像打仗，只有目标明确，指挥员一声令下，大家才能朝着共同的目标冲锋陷阵。

3. 沟通

在合作中，沟通是最重要的因素之一。同事之间需要经常交流、分享。这可以帮助大家更好地了解彼此的情况，同时也可以及时地解决问题和避免误解。

4. 企业文化

在办公室中，文化对于员工来讲，就像水对于鱼一样重要。有什么样的文化，就会产生什么样的员工行为。合作型的文化，可以通过鼓励员工分享想法、互相支持和协作来加以培养，同时，这种文化也会对员工在日常工作中的合作产生积极的影响。

5. 相互尊重

在合作中，同事之间需要相互尊重，这意味着，即使有所差异，他们也要尊重对方的观点、意见和想法，求同存异，百花齐放，这样可以带来更好的合作和更佳的解决方案。

但是不可否认，在办公室里，小伙伴们总会遇到一些人，他们只在意自己的一亩三分地，很难与人合作。

如果，你在办公室遇到不好合作的人，又想确保自己的工作能高质量完成，可以采取下面的做法：

1. 争取到老板的支持

与不好合作的人打交道时，最好先得到双方老板的支持。让老板了解你的问题，听取他的建议，并共同找到解决问题的方法。因为老板的工作经验多，同时对团队的整体目标负责，因此，他们的参与和理解，为事情的顺利进行就打上了双保险。

2. 确立双方都认同的目标和行为方式

明确双方的目标和期望，并达成共识。尝试与对方沟通，了解他们的需求和想法，并尽可能地采用适应他们的做事方式。尽量保持积极的态度，寻求解决问题的方法，实现双赢的局面。

3. 遇事，真诚沟通

沟通至关重要，尽量保持冷静和理智，以真诚的态度与对方沟通。表达自己的想法和感受，同时也要倾听对方的意见。在沟通中，尽量保持开放和坦诚，寻求共同点，并找到解决问题的方法。

4. 做好工作记录

一定要做好工作记录，并保留好相关的信息和证据。使用微信、邮件、备忘录等工具记录重要信息，以便在需要时能够查阅和使用。

5. 定期报告

和对方一起，定期向双方老板报告工作进展情况，提供详细的信息，包括遇到的问题、解决方案和进展情况等。这不仅可以展示你的工作成果，还可以让老板了解你的工作情况和困难，并获得更多的支持和建议。

合作需要耐心、智慧和技巧，更需要把握双赢的原则，只有双赢的合作才能让所有参与者甘心情愿地为之付出自己最大的努力。

4

如何机智化解同事之间的矛盾

在办公室，最常见的就是同事用邮件打架，这厢唱罢，那厢登场，此起彼伏。有一次，两位财务部的同事，为了一件小事，你来我往，用邮件整整吵了一天。刚开始两人还是正常讨论，中间不知哪位被碰触到敏感点，瞬间，工作讨论降级为街头骂战，于是，所有被抄送的人都津津有味地开始"吃瓜"。乏味的办公室顿时充满了浓浓的节日气氛。

在日常工作中，这类同事之间的争吵司空见惯，原因五花八门，一般不是什么大事儿，有的纯粹就是误会，或者其中一方心情不爽，想打架，有人就送上门来了。

实际上，争吵肯定是解决不了问题的，绝对地伤人伤己，没有一点好处。

不管你占不占理，老板都不会挺你，而且默默地在心中给你个差评。

因为老板需要的是你帮他解决问题，而不是增加问题，而且，你和同事的争吵，还可能让自家老板受到牵连，别有用心的人可能会利用这个机会，指责老板的管理能力，比如，"你看看这就是他招的人""看看他的团队，这点小事都处理不好"。

俗话说得好，"多个朋友多条路，多个冤家多堵墙"，这是绝对的真理。大家都是同事，而且在工作中有密切的联系，在这种情况下，是两个朋友一起共事好呢，还是两个仇人一起共事更好呢？你遇到难事，是对方帮你想办法解决？还是你更希望被公事公办呢？

你以为自己在为真理而战，实际上，大部分人看到的是八卦和热闹。

吃瓜看戏人之常情，除非影响到自己，同事吵架，无论面上端的是什么表情，大部分人都是事不关己，高高挂起，插手看热闹，更不用提，还有好事之徒，可能会利用此事，做出害人利己的事。

吵架肯定影响身体健康，道行再高的人也做不到心平气和。吵架会直接导致血液循环的速度加快，血液的含氧量减少，引发脑细胞缺氧，心肌缺氧，提高脑梗和心梗的发病风险。为了一些无关痛痒的小事，太不值得了。

那么，如何机智地化解同事之间的这些不愉快呢？

（1）时刻保持觉知状态，这样可以将一些不愉快的小事化解于无形。

比如，每周三，Sean按照约定都会发给你一份项目报告，同时抄送给你老板和他老板，而你需要这个报告在每周五完成相应的分析。这个周三，你没有收到Sean的报告，你发邮件提醒他，特意没有抄送两位老板，Sean非常感谢你善意的提醒，很快将报告发给了你。这里的重点是，你在做这件事时，知道自己在做什么，知道为什么这么做，且达到了预期的目的。

（2）如果有的矛盾难以避免，当你发现自己的情绪已经到达爆发的边缘时，马上给自己按下暂停键，先找个地方冷静一下，给自己冲杯咖啡，去趟洗手间，或者，先去做一两件简单的小事儿，中间遇到同事，有意说一些让自己开心的事，这一系列操作下来，当你再回到座位时，情绪就已经发生了神奇的变化，这就是情绪管理的注意力转移法，很管用。

（3）回来沟通时，不要带情绪，尽量保持善意，你会发现，对方的态度也会神奇地随之改变。

这让我想起上大学时发生的一件事。一日，我乘坐公共汽车，那趟车非常拥挤。我被身边的小伙子踩了一下，生气地说："干吗呢？"他回答："对不起。"我说："看着点。"他停顿了几秒，然后看着我说："长这么好看，脾气大也是应该的哈。"我能怎么办，猝不及防地被他的善意逗笑了。

（4）重新开始讨论时，将重点放在发现问题，找出解决方案上。

无论谁对谁错，不要再去尝试说服对方接受你的观点，这只会激化矛盾，如果对方同意你的看法，这个架根本就不可能打得起来。

对方说话时，即使你不同意，也不要随意打断。每个人的内心都渴望获得其他人的认可和尊重，大部分的负面情绪就是因为感觉到不被认可和尊重而产生的。给对方倾诉的机会，做个好听众，很多时候，说着说着，对方的气就消了，问题也就迎刃而解了。

（5）事后，客观地将问题以及解决方案，通知所有需要了解情况的同事，包括彼此的老板。主要目的是：

让工作上有关联的同事知道，双方已经达成了这样一个共识，在这个基础上，大家去办理自己的业务吧；

让吃瓜群众知道，双方格局都很高，尽弃前嫌，和好如初，不给好事之徒乘机作乱的机会；

消除给老板造成的负面影响，提升自己的高大形象。

（6）随后，跟踪进展，直至问题得到圆满解决。

解决问题是关键，最好达成双赢的结果，只有这样问题才会真正得到解决，一方赢不是赢，明天，问题还会从其他地方以其他方式出现，直到达成双方都能接受的结果为止。

所有人都有情绪，但是，办公室肯定不是随意抒发喜怒哀乐的地方。能否驾驭好自己的情绪，从某种角度讲，可以直接影响到你在职场的成败，因为，争吵引发负面对抗，平静愉快带来正面合作，正面合作才是走向成功的基础。

5

如何才能让自己更受欢迎

李明是一位刚刚进入职场的应届毕业生，最近，他特别苦恼，发现自己很难融入新公司与同事们打成一片。每次他试图参加同事们的活动，大家都对他爱理不理，让李明感到很尴尬。

于是，他找到自己特别尊重的一位学长，让他帮自己出主意，让自己变成一个在公司受欢迎的人，摆脱现在这种不愉快的处境。这位学长列出了下面6个要点，并告诉李明，做好这几点不仅可以使他人缘好，在公司受欢迎，还可以为他的事业发展增添巨大的助力。

1. 心胸开阔

- 首先，心胸开阔的人更善于倾听和接受不同的意见和想法。

他们不会因为别人的观点与自己不同而产生抵触情绪，反而能够积极地思考和探讨，从而更好地解决问题。这种开放的态度让人们更愿意与他们合作，因为他们知道可以自由地表达自己的观点，而不会受到压抑或排斥。

- 其次，心胸开阔的人更具有包容性和耐心。

在工作中，难免会遇到一些困难和挑战，但是心胸开阔的人会以积极的态度面对问题,并愿意支持和帮助他人。这种积极的态度和行为能够赢得更多的信任和支持,从而在职场中获得更好的发展。

2. 乐于助人

- 乐于助人可以让你获得同事和领导的信任。

当你愿意帮助别人时,别人会感到你的善良和真诚,从而愿意与你建立联系并信任你。这种信任会使你在工作中更加成功,因为你可以依靠他们的支持和合作。

- 乐于助人可以让你在团队中更加重要。

当你愿意帮助别人时,别人会认为你是团队中不可或缺的一员,并且更加重视你的意见和贡献。这也会使你在工作中更加成功,因为你可以对团队的成功做出更大的贡献。

- 最后,乐于助人可以让你在职场上更加成功。

当你愿意帮助别人时,别人会认为你是个优秀的合作伙伴,并且愿意与你合作。这不仅可以增加你的工作机会,还可以提高你的职业声誉。

3. 遵守职场规则

遵守职场规则的人会顾全大局,照顾他人的感受。比如:

早请示,晚汇报,让领导及时掌握工作进度;

有边界感,不对其他同事的工作指手画脚,评头论足,即使帮助他人,也会保持低调谦虚的态度;

积极参加团队组织的各项活动;

- 不传同事的八卦。

4. 靠谱

- 靠谱的人会在工作中表现出极高的责任心和执行力。

他们能够按时按质地完成工作任务，并且能够主动解决问题和提出建设性的意见。这样的表现不仅能够得到上级的认可和信任，也能够得到同事的尊重和信任。

- 靠谱的人会表现出极高的诚信度和为人处世的能力。

他们能够遵守承诺，尊重他人的意见和感受，并且能够在工作中保持公正和客观。这样的表现能够让他们在团队中建立起良好的人缘和人际关系，得到更多的合作和帮助。

5. 善于沟通

在职场上，沟通是一项非常重要的技能，因为它可以帮助个人与同事、客户、领导和其他人建立良好的关系。

首先，善于沟通的人通常能够更好地理解他人的需求和想法。

通过仔细倾听和问询精准的问题，他们可以更好地了解同事或客户的需求，并据此提供适当的帮助或解决方案。

其次，善于沟通的人通常能够更好地与同事或客户建立合作关系。

他们可以通过有效的沟通来建立信任和互相理解，从而促进更好地合作和协作。

最后，善于沟通的人通常能够更好地展示自己的能力和价值。

他们可以通过清晰、简明、有说服力的方式表达自己的观点和想法，使他人更加认可和尊重他们。

6. 人品好

在职场上，人品的好坏往往比能力的高低更加重要。因为只有让人们信任并认可你的人品，你在职场上才更有可能获得成功。

- 人品好的人通常都具有很高的诚信和道德标准。

他们能够遵守承诺，对待工作认真负责，尊重他人，不欺骗、不偷懒、不抱怨。这样的表现让人们觉得他们值得信任，能够放心地把工作交给他们。

- 人品好的人比较容易与同事、上司、客户等建立良好的关系，并能够保持良好的沟通和合作。

这一优势让他们在职场上更容易获得机会，也更容易得到他人的帮助和支持。

- 人品好的人通常都具有很高的职业道德。

他们不仅注重个人的利益，更注重公司的利益和行业的声誉。他们不会为了自己的利益而损害其他人和公司的利益，也不会为了短暂的利益而违反职业道德。这样的品质让他们在职场上更受欢迎，更有价值。

6

掌握5个点，让同事之间的竞争助你成功

David和Peter在同一个团队做销售，负责同一个大客户。两个人工作都很努力，都希望能证明自己的能力，从而独立负责这个大客户。

在跟进了两年之后，这个客户终于表现出很强的签单意向，如果成功，这将是公司有史以来的第二大合同，David和Peter不仅可以拿到很高的奖金，公司也正在考虑提升两个年轻人，让他们各自挑大梁。

就在投标的最后阶段，David为了突出自己对项目的贡献大于Peter，擅自和客户进行私下接触，谈话过程中，传递了对Peter个人不利的信息，结果引发误会，造成客户对公司的诚意和项目实施能力产生了巨大的怀疑，使公司彻底丢掉了这个大单，给公司造成了巨大的损失，因此，David被公司开除了。

你在公司有竞争对手吗？见识过竞争对手之间的刀光剑影吗？

同事之间的恶性竞争一定会对小伙伴们产生不良影响，下面是比较常见的情况：

1. 压力增大

在恶性竞争的环境下，小伙伴们会感到巨大的压力，因为他们不仅

需要完成自己的工作任务，还要不时应对竞争对手制造的种种麻烦，这就会造成额外的精神压力，这种压力常常导致失眠、焦虑和疲劳。

2. 缺乏合作精神

恶性竞争肯定造成同事之间的不信任和敌对情绪，不仅不可能有什么合作，多半还会为争夺资源和成果争吵不休，大打出手。

3. 个人发展受到负面影响

老板最讨厌窝里斗，因为这不仅会影响到老板的业绩，还会给老板带来很多麻烦，因此，卷入恶性竞争的小伙伴，无论谁对谁错，最后，大多以离开公司黯然收场。

4. 工作满意度下降

在恶性竞争的工作环境中，没有人会开心，没有人会有成就感，身处其中的人，时刻处在战斗状态，被消极情绪包围，工作满意度随即大大下降。

5. 健康问题

情绪对人的身体健康起着非常重要的作用。恶性竞争直接导致额外的精神压力，进而引发身体不适、免疫力下降、头痛、胃痛等问题，长此以往，会对小伙伴们的身体健康造成不可逆转的负面影响。

其实，你的竞争对手能干与否，并不能证明你的能力高下，对于职场来讲，竞争对手存在的真正意义，就是鲶鱼效应，让我们时刻保持警觉，不断提升自己。那么，如何应对同事之间的竞争，才能真正提升自己的实力，成为职场最后的赢家呢？

1. 首先，做好自己的工作

同事之间的竞争，最后的赢家，一定是那个业绩领先的人。因此，无论你的竞争对手如何出牌，牢牢记住，你只要工作出色，就会一直立于不败之地。

2. 不断提升自身的竞争力

公司是商业机构，它的运营是在市场规律指导下进行的，那就是："物竞天择，适者生存"。如果你希望自己赢得竞争，那就需要不断地努力使自己变得更强。

3. 打造自己的个人品牌

无论对于组织还是个人，公关都非常重要。大家基本会按照你告诉大家的信息去判断你。所以，如果你希望老板、同事和市场认识到你的优秀，在竞争中脱颖而出，你就需要通过各种渠道，不断打造自己职场精英的个人品牌。

4. 巧用老板的影响力

团队的业绩就是老板的个人业绩，团队业绩是否达标直接影响到老板的前途。老板最希望看到的是团队成员同心同力，拧成一股绳，为团队目标的实现而努力。因此，在职场上，只要你的竞争重点，是把工作做得更好，业务目标完成得更出色，老板永远是你赢得竞争的坚实后盾。

5. 尊重竞争

尊重竞争，尊重竞争对手，就是尊重自己。不仅有利于小伙伴们竞争实力的不断提升，同时，也可以使我们在竞争中，变得更成熟、更高尚。

职场就是战场，竞争无处不在，只有真正把握好竞争真谛的小伙伴才能在激烈的竞争中，不忘初心，勇往直前，最终成长为成功人士。

7

同事变老板，如何应对更有利

郑浩和王涛一起加入一家大厂的运营团队，两个人资历相当，工作努力，都是公司的储备人才，人称"老板的心头好"，在公司前途无量。

最近，有一个管理岗空出来，需要在两个人之间做出选择，他们的直接上司非常为难，经过长时间的纠结，与HR反复讨论，最后决定提升郑浩。

王涛得知这个消息，很受打击，在日常工作中，不时表现出对郑浩的不服气，甚至在一次团建聚餐时，跟郑浩称兄道弟、拉肩勾背，讲了一些不该讲的话，使得场面一度很尴尬。

开始郑浩对王涛还留些情面，久而久之，王涛的表现已经开始影响到他日常工作的正常进行，郑浩就不得不调整自己，端出上司的姿态，公事公办，王涛因此感觉更糟，最后，愤然选择辞职。

在职场上，常常会有表现好的员工得到提升，昨天的同事变成今天的上下级。在这种情况下，有的前同事，特别是实力相当的前同事，就容易心理失衡，把控不住自己的情绪，行事负面，比如：

（1）内心不服气，抱着观望的态度。遇事不是积极地出主意想办法，而是把问题抛给新上司，事不关己高高挂起，将自己和上司的职责撇得特别清。

（2）背后传播对新上司不利的闲话。比如，"新上司和上一任上司的能力差得太远""他居然招了一个水平那么差的人，看人的眼光不行""根本没有处理团队之间关系的经验"，等等。

（3）不配合新上司的工作，认为新上司水平不如自己，想法做法都不上档次。

你知道，这种做带来的后果是什么吗？

通常的后果是，新上司继续在他本来的轨道上，该干什么，就干什么，而有负面情绪的人，要么自己做出调整，要么离开团队，甚至离开公司，真正受到损失的只有心怀负面情绪的员工自己。

为什么会是这样的结果呢？

- 因为大老板希望看到被提升的人不负众望，表现出色，团队的业务蒸蒸日上，这样就证明了他的决定是正确的、英明的。大老板绝对不希望团队里有人制造问题，甚至影响到工作，给他添麻烦。基于这种态度，大老板一定会尽全力，帮助他提拔的人上位成功。

- 对于不服的同事，大老板的真实想法是："再能干的人，如果遇事一点就着，不知道顾全大局，也没有发展潜力。""要干就干，不干就走。能干的人多的是，情商比智商更重要。"

既然如此，如果可以穿越，回到过去，重新来过，遇到这种变化，王涛同学应该如何应对，才能让自己的职场之路越走越顺呢？

1.王涛首先应该积极调整好自己的心态，告诉自己：

公司已经做出了决定，不会因为自己的情绪而有任何改变；

因为以前是同事，他和郑浩相互比较了解，工作中，不必再花时间去解彼此的个性习惯；

公司给郑浩机会，作为优秀员工，自己努力工作也会被提升的机会。

2.热烈祝贺，向郑浩表明自己的态度。

这个绝对不是可有可无。想想郑浩此时的心情，作为一个刚刚被提升的人员，他特别希望自己被团队接纳，这关系到他的下一步工作是否可以顺利开展，如果王涛可以第一个站出来，送上自己真诚的祝贺，郑浩对他的感激必然是发自内心的。

3.调整相处模式

- 马上改变称呼

无论以前称呼什么，随着郑浩的升职，王涛应该马上作出相应的调整，表示自己对上司的尊重，刚开始，郑浩可能会不好意思，表示"还是叫我小郑吧"，久而久之，当然是"老大"听着更令人舒坦。

– 沟通工作，从讨论式向请示汇报式转变

过去，大家是平级，遇事没有那么多讲究，各抒己见，有时几句话就能达成共识，有时通过一两句互通信息。现在的沟通就要打开手下向领导汇报请示工作的模式，预约郑浩的时间，讨论前准备好各种信息资料以及解决方案，帮助郑浩了解情况，然后由他来拍板定方案。

– 无论以前关系多近，王涛都应该拉开和郑浩的距离，不能再像之前一样称兄道弟，毕竟，郑浩现在要管理团队，需要有权威感。

– 有些话以前可以说，比如，同事之间的八卦、对老板的吐槽，现在最好都不要再说了，因为角色变了，人的想法也会随之改变。

4.积极配合郑浩的工作，完成好自己的业务目标。

对于郑浩来讲，新官上任，最重要的就是保住团队业绩。因此，如果王涛可以完成，甚至超额完成自己的业务目标，就是对郑浩的最大支持。

5.王涛同学还应该理性地想清楚，为什么是郑浩被提升，他的优点是什么？找出自己的差距，积极调整，迎头赶上。

6.当然，在某些情况下，王涛也可以考虑调整自己的工作岗位。假如他和郑浩在作同事时就有很深的矛盾，而这一矛盾在短期内很难解决，在这种情况下，他可以考虑调整自己的工作岗位，但需要慎重选择，确保新的岗位契合自己职业发展现阶段的需求。

费斯汀格法则揭示出这样一个现象："生活中的10%是由发生在你身上的事情组成，而另外的90%则是由你对所发生的事情如何反应所决定。"我们每天都会面对很多变化，这些变化大部分不是我们可以控制的，但是，我们可以通过控制自己的想法和行为，使得每一个变化都对自己的成长有所帮助。

第六章
CHAPTER 6

涨薪与晋升，
看破门道才能涨升有道

1

听懂领导常说的这些话

上上周,小明的女朋友和几个闺蜜聚餐,回来告诉他,同是毕业2年的人,人家男朋友的工资收入都比他高,这让月收入8000元的小明备受打击。

小明同学认为,自己工作很努力,对于老板加班加点加工作的要求,从来没说过二话。于是,他就找到自己的直接老板,提出涨工资的想法,并说出事情的原委,"我级别低,只有给手下分配工作的权力,没有分配利益的权力,说了也不算。"老板就这样简单粗暴地拒绝了小明。

小明的老板这样讲,有多种原因,也许,他就不愿意给小明涨这个工资,因为:

1. 老板并不认可小明的利益诉求

他认为,小明的工资不低,表现也没有好到需要额外增长的程度,在这种情况下,用"说了不算"来搪塞小明,也是职场上常用的托词。毕竟,谁也不愿意被人拒绝,老板也不愿意和小明之间产生不愉快。

2. 保持团队成员之间的平衡

也许,小明的资历、表现和工资,与团队其他员工相比,处在一个合适的位置,不适合再做出调整去打乱这种平衡。

3. 老板没有涨工资的权力

每家公司都有自己的政策,也许,小明老板的职责范围,如他自己所说,按照公司规定,就是"只有给手下分配工作的权力,没有分配利益的权力。"

因为涉及运营成本和公司内部的平衡,公司就是将涨工资的权力集中在管理层和HR的手里,没有下放给一线经理。

4. 规章制度不允许

很多公司都有绩效考核制度,作为这个制度的一部分,就是工资调整,基本是一年一次,员工在前一年的业绩表现决定了下一年工资调整的幅度。在此之外,除非有特殊情况,一般不会给员工调整工资。

5. 公司经营状况有问题

- 小伙伴们应该听说过，有些公司，经营状况不好的时候，会降低员工的工资，不发奖金，让员工无薪休假，这些都是直接快速节省成本的做法，且好过裁员。

- 如果小明公司的经营状况有问题，财务部门正在想尽各种办法降低成本，那小明的要求肯定不会被考虑，而且，老板也不可能说出真实理由。

6. 公司的工资水平低于市场

小明提出涨工资，是基于，女友在一次聚餐中收集到的信息。也许，小明公司的工资水平在市场上就是比很多公司低，因此小明同学的工资低。在这种情况下，只要他的工资在公司内部处于合适位置，老板也是不会考虑给他涨工资的，因为，老板要保证公司内部的公平。

7. 不能只看固定工资的高低

也许，小明同学的总体收入并不低。一般情况下，员工的工资是由固定工资和浮动工资构成的，不能只比较固定工资，攀比收入，除了固定工资+浮动工资，还要加上福利收入，比如，住房公积金、餐补、交通补助，等等，且需要以年为单位考虑。

遇到这种情况，小明同学肯定不能干生气，但是，应该如何智慧地应对呢？

首先搞清楚，老板口中的"说了不算"真是公司的规定，还是老板的推脱之词。小明可以去查看公司的规章制度，或者咨询HR，如果公司规模小没有HR，也可以去问问公司里行使HR职能的团队。反正是，通过正确的途径，避免瞎打听，同事之间传来传去，传到老板耳朵里，造成误会，吃亏的肯定是小明。

如果真是公司规定，就一定有相应的流程，支持小明同学将诉求传递到决策者手中。即使流程如此，在实际操作时，事先，最好和自己的顶头上司沟通讨论，达成共识后，再去走相应的流程。在这种情况下，千万不要以为顶头上司对自己的诉求没有影响力。即使他不是做最后决定的那个人，顶头上司的意见，绝对起着举足轻重的作用。

如果真是老板的推脱之词，也没必要感觉不好，相反，小明需要积极主动地和老板进行面对面的沟通，只有这样，达成诉求才有可能，同时，也可以预防自己和顶头上司之间因误解产生隔阂，进而对自己的职业生涯造成负面影响。

应该如何沟通呢？

首先，小明同学需要将自己的利益诉求及理由坦诚地告诉直接老板。搞清楚老板推脱的真实原因。一般情况下，如果员工的态度是坦诚的，老板也会将他的理由如实相告。最后，通过沟通，和老板达成共识。记住，如果顶头上司不支持员工的诉求，一般情况下，公司也不会支持。道理很简单，责任和权利是对等的，即使各个公司的流程安排不同，这种不同也只是形式上的。

在职场上，遇事首先要冷静，切忌冲动，因为，很多事情，表面和事实真相是有一定距离的，大部分的事情，通过真诚坦率的沟通，都能得到相对比较满意的结果，而小伙伴们也会在一次又一次的经历中，成长、成熟，变得顶天立地。

2

搞懂同工不同酬的真正意义

如何看待同工不同酬？

John是曾经找我做过职业辅导的软件工程师，他通过自己的努力，加入了一家知名的互联网企业。工资比之前涨了不少，他很满意。可是过了几个月，有一天，他找到我，说他很郁闷，因为他无意间得知和他做一样工作的几个小伙伴的工资都比他高，他觉得很不平衡，心里的困惑也不知该问谁……他没有告诉我他怎么知道他人的薪资的，我也没有就此多问。

就John感觉不平衡的同工不同酬的问题，结合自己相关的工作经验，我给他做了介绍，并对他进行了开解。我觉得这个问题可能会困扰很多初入职场的小伙伴，所以，特意把这个问题做了整理，希望可以帮助到读者朋友们。

在任何一家正规的企业，员工的薪酬都有一套完整的体系和架构。而且，无论在市场上，还是在一家企业内部，同工不同酬也是常见的现象。这主要是因为以下几方面的原因：

第一，新进员工的原工作经验不同

公司在根据岗位职责描述进行招聘时，应聘同一岗位的人选他们原来背景、行业工作经验不同，之前的薪水也会有所不同。

-公司在招聘时，通常对于招聘数量大、比较初级的岗位，会采用同一岗位、同一薪资标准的做法，这一点在校招时最为普遍；

-但对招聘数量不大，相对高级的岗位，公司会兼顾考虑目标候选人之前的工作经验、专业能力，以及之前公司的薪资水平。

比如，一个软件开发工程师岗位准备招聘两个候选人，一个有两年经验，一个有四年经验，来到公司将要做的工作也是一样的，但如果在经过评估后，两人的工作经验和能力确实存在差异，公司给到两个人的薪资很大可能也会有所不同，以薪资的差异来体现这种经验和能力的差异。

第二，员工对公司的重要程度不同

在一家公司里，或者一个团队内部，当谈到同工同酬时，不是在说薪酬的平均主义，本质上是在讲薪酬的公平性。

一个团队的目标是靠团队成员的共同努力来达成的。但是，不同的工作行业经验、不同的专业能力，在达成团队业务目标的过程中，所能起到的作用、所做出的贡献肯定是不一样的。而工资正是这个不一样的直接体现，这才反映了薪酬的公平性。公司会通过各种方式挽留和激励经验丰富的核心员工稳定工作，多做贡献。

第三，为公司服务的时间不同

通常，公司会根据员工的个人表现以及公司的整体业绩进行年度的工资调整，所以，相同岗位的员工为公司服务的时间不同，工资也会不同。

在所有条件都差不多的情况下，比如行业经验、持有的资质证书、毕业后的工作时间等，新加入的员工，一般会比原公司员工的工资低一些，因为老员工对公司的业务更熟悉，对手头的工作更熟练，也就是说，他们对达成公司业务目标的贡献更大一些。

当然，也会有新员工的工资高于公司老员工的情况。这种情况的原因通常是，新员工在原公司的工资就已经很高了，能力比较出众，背景优秀，正是公司目前十分需要的人才，加入公司后可以解决关键问题，公司希望通过该新人的加入，提高团队的整体能力。

第四，员工的能力、工作态度和业绩产出不同

我们在上面介绍了三点决定员工薪酬的因素，但是在一个以业绩为导向的公司里，决定员工薪酬的最大因素将会是员工的能力、工作态度和实际的业绩产出。

员工加入公司前的经验是员工市场价值的反映，但是公司最愿意为这样的员工心甘情愿支付具有激励性的高工资：

— 工作能力强；

— 工作态度积极；

— 个人发展有潜力；

- 价值观正，愿意和公司共同成长；
- 有持续的出色业绩贡献和产出。

公司一定会给予这样的员工各种成长机会和激励，包括培训、轮岗、晋升、奖励、加薪，等等，以这些方式和措施来体现员工的真正价值。

在听了以上讲解之后，John基本平复了来之前所带的不平衡情绪，表示不会再因为暂时的工资差异而影响自己的工作，他回到工作岗位会继续努力工作，以出色的业绩去赢得自己薪资的增长。

最后，我特意叮嘱他，所有正规公司对于薪酬都是保密的，在职场上，特别忌讳私下散播或讨论别人的薪资，包括去找自己的上级或者HR说谁谁的工资是多少，自己的是多少，这不公平，要求涨工资云云，在公司里千万不要做这两件事。无论是涨工资还是升职加薪就是员工自己和公司双方面的事情，不要在这个过程中把公司视为保密的他人薪资信息拿出来说事儿，因为那样会有损自己的职业形象，以及在公司的发展前途。关于这一点，也特别提醒读者朋友们引起足够的重视。

3

想涨工资？把握好4个时间节点

我们在职场上工作，是为了谋生而付出我们的努力和时间，得到的回报是财富、职业成就感和社会认可等。在这里，工资收入占了非常大的比重。没有令人满意的工资收入，职业成就感和社会认可也会大打折扣。

每个人基于对自身价值、个人付出，以及取得业绩的评估，对工资收入都有一个预期。当预期与实际收入相符时，我们会觉得自己的付出是值得的，自身的价值得到了承认。当收入低于心理预期时，我们就会觉得自己的价值没有被充分认可，付出也没有令人满意的回报，心理就会出现失衡，从而影响我们的工作状态和产出。

如果觉得自己的工资低于自己的期望，我们该怎么做呢？

以下是我的几点建议，读者朋友们在遇到这个问题时可以参考：

首先，要确认我们对自身价值、专业能力、工作态度、业绩产出的评估是客观的。

- 关于自身的市场价值和自己的专业能力，比如你接到了猎头的电话，或者看到招聘网站上的广告，得知了外面相同工作机会的市场价格是多少，或者你知道原来与你资历相当的同伴在其他公司收入大致多少；

— 你的工作态度和付出在团队里都是显而易见的，你加班加点、努力付出，以及在团队所起的作用等，都是客观的，领导也是不能否认的；

— 业绩产出就更加准确明了了，年初设定的目标，按季度、按半年、按年度的业绩排名都是实实在在、一目了然的。

基于这些信息，你对工资的期望就是基于客观事实的，也是合理的。

其次，有了基于事实的合理工资预期，如果你对现在的工资不满意，有以下4个时间节点要好好把握。

第一，找合适机会直接与老板谈

在职场上，找到一个令自己满意的工作环境不容易，如果仅是对自己的工资不满意，这种情况下，我建议先不要去市场上寻求解决方案，而是去直接和老板谈。

在找老板谈时，要开诚布公，冷静客观，表达对领导的感谢、对公司的认可、对团队的喜爱，并将相关信息和自己的期望告诉老板。通常来讲，只要你的预期和要求在合理范围内，而且老板有团队人力成本预算调整空间，老板都不会让自己的好员工失望的。

即便老板不能即刻满足你的要求，他也会去找他的老板和相关部门申请，商讨出一个解决方案后，给你一个像样的承诺。如果公司给你的承诺态度是真诚的，方案也是你可以接受的，这就是一个双赢的结果。

第二，在外面找好了工作提出辞职时

可能你已经有想法离开现在的公司，工资是你不满意的一部分，但是你一直没有就此与老板做沟通，老板也确实不了解你对工资不满意的想法。

当你在外面找好了工作提出离职，如果老板非常认可你的能力和业绩产出，他肯定会尽最大的努力挽留你，不会眼睁睁地看着自己的人才流向竞争对手。如果老板真想留人的话，最简单有效的办法之一就是涨工资。

如果老板真金白银要给你涨工资，对于你来讲，这时就要再认真评估一下了。俗话讲，做生不如做熟。特别是公司和老板已经认可了你的价值，这个非常难得，遇到这样的老板以及他给争取到的条件，一定要好好珍惜。

第三，职位调整时

如果你在一个岗位上能力出众，业绩突出，而且有发展潜力，公司会对你的职位进行调整，可能是升职，也可能是调整到一个更加重要的岗位上。

这说明公司和老板更指望你，这时谈涨工资，并达到你的预期，成功的可能性非常高。

这个时候可以坦诚一点，将你对工资的大致预期告诉老板或者HR，不要太过担心他们会不会因此对你有看法，开诚布公地说出你对工资的预期，在事先做好沟通，总比公司直接给到你一个方案，而方案与你的

期望有比较大的差距要好很多。

第四，年度工资调整时

一般公司都会安排年度绩效考核和工资调整。绩效考核的分数和涨工资正相关。

如果你对自己的工资不满意，而当年的绩效分数又不错，抓住这个机会，告诉老板自己的想法，肯定会有用的。一般来讲，公司在做年度工资调整时，给到每个部门是一个固定的预算，在部门内部，给每个人涨多少，如何分配预算，直接上司说了就算。比起其他时间点，直接上司操作起来，要容易得多。

以上介绍了几个涨工资的最佳时间点，作为员工，如果想涨工资，一是用实力、价值和业绩说话，二是抓住机会，把握好时间点。同时，员工也要考虑公司的承受能力，以及自己提出该要求的节奏，合理管理自己对涨工资的预期。

4

公司为何宁愿给新员工高工资，也不给老员工涨工资

某大厂售后团队从竞争对手处挖来一名高级工程师，他的工资比团队同类岗位的同事高出20%，不知道消息是怎么传出来的，办公室里议论纷纷，团队里的几位同事非常不高兴，他们都是在公司工作了好几年的老员工，大家就不明白了，为什么公司宁愿给新人开高工资，也不给老员工涨工资呢？

在这个真实的故事里，公司为什么不给老员工涨工资呢？

1. 老员工干不了新员工的活

- 一般情况下，公司在对外招聘之前，都会先看看公司内部有没有合适的人选，如果最后不得不从外面招聘的话，说明，内部就没有可以胜任这个岗位的员工。

- 新员工之所以工资比老员工高，是因为，公司对他的综合要求比老员工高，比如，工作经验、责任范围，等等。

2. 保证内部公平

- 员工在公司各有自己的岗位，每一个岗位的工资在公司里的位

置，基本和他们对公司的贡献是一致的。

- 某一个或几个员工对自己的工资不满意，涨或不涨，要看他的工资在不在合适的位置上，如果已经在合适的位置上了，就不会有增长，否则就会打乱公司内部整体的公平性，引发其他同事的不满。

3. 很容易被替代

如果老员工很容易被替代，表现也处在平均分或者平均分以下，即使他离职了，也可以随时找到新人填补他的空缺，在这种情况下，即使老员工不满，甚至辞职，公司也不会考虑打破平衡做出额外的工资调整。

新员工的工资是由什么决定的？肯定不是由HR或者招聘经理拍脑袋拍出来的，它是由下面几个主要因素决定的：

1. 岗位职责

岗位职责决定了员工是干什么的，公司为什么设置这个岗位。如果职责简单，就说明这个岗位对公司的贡献小，工资就低；如果职责复杂，说明对公司的贡献大，工资就高。

2. 工作经验

不同的岗位职责要求的工作经验是不一样的，职责简单的岗位，级别低，要求的工作经验少，工资就低；职责复杂的岗位，级别高，自然要求的工作经验就多，工资当然也就高。

3. 上份工作的工资

在决定候选人的工资时，HR肯定会参考候选人当时的工资状况。一般情况下，候选人希望新工资在现有工资的基础上有所增长，根据具体情况，增长的比例在10%~30%左右。

4. 团队老员工的工资

为了保证公司内部员工之间的收入公平，HR在决定新员工的工资前，会将候选人的新工资和相关老员工的工资进行比较，确保新工资处在合适的位置上。

5. 公司的工资水平

每家公司的工资水平都处在市场的不同位置上，有高有低，它会直接影响公司内部所有员工的收入水平，包括新员工。

6. 市场定价

一个特定的岗位，在特定的公司范围内，是有一定的价格范围的。比如，国内互联网大厂"产品运营专家"的工资范围是每个月12K~20K，全年目标发放15个月。HR在决定候选人的工资时，也会参考自己公司的这个市场定位。

5

不和上司来往，工作能力强，会被提拔吗

张波进入职场1年多的时间，他工作踏实肯干，能力也很强，对自己的职业发展有明确的规划。一次他问我："我平时不怎么跟上司来往，但工作能力强，您认为上司会给我提拔的机会吗？"

原来，有一个升职的机会，他和另外一位同事都很有希望，那位同事的工作能力也很强，两人之间唯一的差距就是，张波平时和上司不怎么走动，而那位同事和上司的关系比较密切，经常陪上司一起午餐，有时给上司带杯咖啡……所以，张波有些担心，自己可能会输给那位同事。

在办公室里，像张波同学这种"不怎么和上司来往"，闷头干活的小伙伴很多，最常见的表现就是：

喜欢躲着上司走，一般不和上司同乘一趟电梯，觉得尴尬；

工作以外，和上司没话，实在不知道说什么；

下班后，上司叫着一起去吃饭，非必须不参加；

公司年会，从来不给上司敬酒，怕被嘲笑"马屁精"；

休假归来，给办公室里的小伙伴们带礼物，却从来没有上司的份；

那么，"不怎么和上司来往"，对小伙伴们会产生什么负面影

响呢？

1. 上司和员工之间缺乏相互了解

人和人之间的相互了解，不是天生的，也不是从石头缝里蹦出来的，它是通过经常性的沟通、交往、共事逐渐形成的。

张波同学不怎么和上司来往，就等于放弃了自己和上司之间，一次又一次相互了解的机会。时至今日，上司都不了解他，怎么会提拔他呢？

同时，由于缺乏交往，张波也不了解上司，上司的工作习惯、喜好什么，这就会直接影响到他和上司之间的工作配合，进而影响到上司对他的看法。

2. 上司对员工的信任度低

只有相互了解，才能产生相互信任，陌生人之间很难彼此信任，上司和手下也是一样的。一年来，张波同学选择的是"不怎么和上司来往"，上司肯定能感觉到他的疏远，一般也不会特别去关注他，在彼此疏离的情况下，张波和上司之间的信任怎么可能建立起来？

3. 上司不会委以重任

上司会把重要的工作交给自己信任的人，因为他了解这些人的工作经验、能力、态度、工作方法，甚至工作习惯，这些都是确保工作顺利完成的保证。基于此，因为没有上司的了解和信任，张波同学自然不会得到这些好机会。

所以，对于员工来讲，上司对自己的了解和信任至关重要，基本决定了小伙伴们是否有一个好的发展前途，一定要智慧地处理好自己和上司之间的关系，让上司成为自己职涯成功的最大助力。那么如何去做呢？

1. 主动沟通

主动与上司进行沟通是建立良好关系的关键。比如，与上司约定好时间和地点，进行一对一的沟通，或者根据工作的进展情况定期汇报。在沟通过程中，要确保上司了解你的工作进展、困难和需要，同时你也要准确掌握上司的期望和真正需要。

2. 尊重上司

尊重领导的权威和决策。无论自己是否有异议，都应该尊重上司的最后决定，并在执行工作时尽可能地配合领导的想法和计划。

3. 建立信任

想被提拔的小伙伴们，一定要尽力赢得上司的信任。不仅要展示出自己的专业能力和诚信，还要做到言出必行，行事公正，不断提升自己的工作表现，以证明自己对公司的价值和能力。

4. 给予支持

无论其他人怎么作，任何时候，小伙伴们一定要坚决支持上司的工作。理解上司的工作压力和目标，在上司需要帮助的时候，毫不犹豫，全力以赴。

5. 积极学习

想被提拔，就要不断学习新知识和技能。通过参加培训、阅读相关资料、参加行业会议等方式，不断扩展自己的知识和技能，提升自己的专业能力，从而更好地完成工作任务，成为上司能依靠的那个人。

6. 保持谦逊

保持谦逊的态度，永远记得"天外有天"，不要因为取得一点成绩就骄傲自大，特别是在上司面前。记住，学会感恩，如果没有上司的各种支持，哪有你的成功。

7. 学会倾听

在工作中，学会听取他人，特别是上司的建议和反馈，因为上司的经验比手下多，视野比手下大，了解的信息也比手下丰富。

8. 建立共同目标

与上司制定共同的目标，你的目标就是上司的目标，你的成功就是上司的成功，大家同舟共济，这既可以增强你和上司的合作关系，也可以提高团队的凝聚力和效率。

9. 保持积极心态

在工作中，遭遇挑战和困难是常见的事，想被提拔的小伙伴们，只能选择以积极的心态去面对。即使这个挑战，是和上司产生了矛盾，也不用害怕，是问题就有解决办法，能决定成败的，始终是小伙伴们的态度。

综上所述，提拔，看似是上司的决定，其实，选择和结果，始终在每个人自己的手中。

6

想升职必须做好的5件事

在我所做过的职业辅导中，晋升是一个特别被关注的问题。晋升是一个人能力、价值得到承认的具体体现。晋升不仅会给员工带来直接的薪资增长，更会带给他事业成就感。通过不断的晋升，我们才能逐步实现所设定的职业目标。

晋升是如此重要，那么，怎样做才能获得晋升的机会？

以下是我给出的职场秘诀，想要获得晋升，必须做好这样几件事。

第一，多出业绩

在决定一个人晋升的诸多因素当中，最重要的因素就是他的业绩产出。一个人的专业能力是保障，业绩产出是结果。

业绩是晋升过程中的硬道理。在一个团队中，获得晋升的一定是那些能出色完成业务目标的人，这说明他的能力完全胜任自己现在的工作。通常来讲，他还会超额完成业务目标，或者是所做的工作，已超出自己的职责范围，这说明他不仅胜任现在的工作，还有能力为公司做得更多。

第二，扩展能力

能出色完成本职工作，达成业务目标的人，肯定都是工作能力强的人。但是，想要获得晋升，还要不断扩展自己的能力。

我的建议是，要以你现在所在岗位的上一职级的能力要求为目标和标准，找出差距，有针对性地弥补差距和不足，扩展所需能力。

比如，你走管理路线，那么人际关系能力就是你要着重扩展的能力。原来你自己一个人，只需要把自己的工作做好。但是如果老板提升你，需要你带人，负责一个团队的业务，你就需要在人际能力，比如组织、协调、沟通等方面，表现出相当的水准，当老板认为把一个团队给到你，他会放心时，才会提升你。

或者，你走专业路线，上一个职级仍然是专业职级。比如，你现在职级是中级软件工程师，下一职级是高级软件工程师，除了工作经验要求不同，对于技术能力、项目管理能力、创新能力均有更高的要求，所以，要获得晋升，就必须扩展自己的这些核心能力。

第三，提升情商

之所以把情商单独作为一项列出来，是因为高的情商已经成为职场上和生活中的必备利器。

用通俗一点的话讲，在职场上越做越成功、不断获得晋升机会的，一定是又会做事又会做人的人，一定是情商高的人。做事做人本来就分不开，越向上晋升，就越需要具有高超的情商。

在工作岗位上，如果一个员工遇到一点问题或者委屈就情绪失控，给领导甩脸色，对同事发脾气，和客户吵架，工作说撂就撂，说话不分场合，没轻没重，动不动就以辞职威胁领导，这种人有再大的本领，领导也不可能会给他晋升的机会！

得到领导青睐并获得晋升机会的，一定是那些扛得了事，受得了委屈，遇事想着领导、同事和下属，以大局为重的人。具有高的情商，懂得人情世故不是功利，而是通过不断锻炼和加强所具有的职场功力，也是赢得晋升机会的竞争力。

第四，不断学习

学习涉及工作和生活的方方面面。通过学习，不仅可以提高技能，补充最新的知识，更重要的是开阔眼界，提升境界。

学习是一种习惯、一种能力，更是一种态度。在工作中，向老板学、向前辈学、向同事学，从成功的经验中学，从失败和挫折的教训中学。我们通过学习不仅可以提升专业技能等方面的硬实力，还可以通过学习增强我们的人际技能、个人情商方面的软实力。

只有不断学习，才能为我们的晋升之路提供源源不断的动力。

第五，增加曝光

总说万事俱备只欠东风，在晋升过程中，"东风"就是曝光。

晋升不仅需要我们努力工作并有好的业绩产出，同时也是与同事的良性竞争中的一个结果。我们已经具备了被提升的资格和能力，增加曝光就是有效地提升自己的影响力，让公司和老板看到我们的出色表现，这也是提高自己竞争力很重要的一方面。

增加曝光的方式和途径很多，在这里总结出以下几个：

（1）业务会上积极发言。业务会议是展示能力的平台，直接领导和大领导都有机会参加。会前做好充分的准备，会上积极发言，为解决问题献计献策，同时充分展示了自己才能和水平。

（2）多参加公司的各种活动。无论是业务活动，还是团建等其他形式的员工活动，都要积极参与，并踊跃表现。让更多人认识你，并对你有正面印象。不要小看非业务型的活动，这类活动同样可以增加你的影响力。你正向、活跃、积极的态度会给相关同事和各级领导留下深刻印象，这对于你的晋升会非常有帮助。

（3）积累人脉资源。在公司里，人脉资源需要自己不断累积，人脉资源不仅可以帮助我们顺利达成业务目标，而且会在我们晋升时起到意想不到的辅助作用。

（4）拉近与领导的距离。多争取与领导直接相处和共事的机会，面对面的口头交流可以拉近你和领导的感情，令交流更深刻、更广泛、更直观。除了你的工作能力，领导可以多了解你为人处世的能力。在晋升机会出现时，你自然在领导心目中就多了一份竞争力。

（5）适时拉大领导进你的主场。影响你晋升的另外一个关键人物，就是大领导。大领导是决定你晋升最后拍板儿的那个人。如果大领导对你全然没有印象，或者印象平平，甚至印象不好，即使直接领导推荐了你，想获得大领导的支持，也不是件容易的事儿。如果你是大领导，也会挑着印象中那个能干的人提拔。因此，在你的高光时刻，要适时将大领导拉进你的主场，比如邮件抄送。但是，在拉大领导时要特别注意不要让直接领导产生误解，认为你要越级与上建立联系，这是职场上忌讳的事，要避免发生。

在职场上，想要获得晋升，实力是真正的保障。实话讲，自己能力出众，想不升职都会很难。想要升职，就是要把主要精力放在提高自己的核心竞争力上，努力成为公司的栋梁和不可或缺的那个人，把自己打磨成一颗真正的金子。再通过有技巧的曝光，让自己这颗真金早日发光。

7

什么样的人一看就是潜力股

"潜力股"原本是一个股票市场上的专用名词。然而把它用在职场上形容人时，却是简单明了，所有人一看就懂，毋庸多言。

但是，深究其内涵，职场上的潜力股都具备什么样的特质？不同的人可以给出不同的解释。

结合多年的职场经验，我发现，具有如下素养和特质的人，会逐渐在工作中脱颖而出，公司的各级领导和人力资源部门也会重点关注和考察这些职场"潜力股"。

第一，有清晰的目标

他们具有清晰的长远人生目标、中期职业发展目标和短期年度业务目标。这些目标一经确立，他们会十分坚定地克服各种困难去实现目标。

第二，对目标和自己能力的相信

他们在目标确立之后，十分相信目标的意义和价值，相信自己的能力，相信自己一定能够达成这些目标。他们对目标的追求、对实现目标的渴望、对自己能力的相信，体现在工作中的方方面面。他们的热情和自信能够感染和影响到周边的人。他们的语言沉稳、目光坚定、身姿挺拔，这些都能让周围人感受得到他们发自内心的自信和气场。

第三，为人正派，有责任心，敢于担当

他们工作作风正派，讲求团队合作，或者正当竞争，从不在背后搞小动作。他们对自己的工作职责认真负责，主动担当更艰巨的任务和挑战。出了问题时不找借口，不推卸责任。

第四，做事有全局性眼光和策略性方法

他们擅长平衡自己的工作和生活。做事考虑周全，有全局性眼光，有策略性的思维习惯和能力。他们可以平衡短期和长期、整体和局部、公司和个人。这种眼光和境界令他们在安排工作、做事情时有重点、有计划、有方法，并按轻重缓急安排自己的时间、精力和资源，有条不紊地逐一完成。

第五，工作和生活中自律性强，做事勤奋、坚持

自律性是"潜力股"得以持续发展的根本素质。没有自律一切都无从谈起。他们在工作和生活中对自我有极高的要求。他们要实现目标，必须具有极强的时间观念，不浪费时间，并保持良好的工作习惯和生活习惯。他们深知目标一旦确立，必须依靠自己的勤奋努力，持续坚持，才能实现目标。他们是这样想的，更是靠强大的自驱力这样做的。

第六，学习能力、自我调整能力强

他们继续学习、不断积累。对于工作中不懂、不会、不熟悉的知识或技能，主动学习、善于学习、持续学习。在工作中遇到困难、挑战或者在犯了错误之后，可以举一反三，从中汲取宝贵的经验教训。他们有谦逊的品格，在别人给予批评、意见或建议后，可以做到不抗拒并虚心接受，不固执己见，从而在职场和工作上少走弯路、少犯错误。

第七，对新事物和新知识敏锐、开放、感兴趣

无论对他人还是对外部世界，他们的心态始终是开放的。

他们乐于接受和拥抱变化。对新涌现的观点、知识、技术、产品特别敏锐，并有浓厚的兴趣去了解、学习和掌握，不因循守旧。

第八，有同理心，人际能力强，有人格魅力

他们做事能力强，又懂人情世故，为人不极端，处事灵活，善于变通又不违反公司的制度和原则。

他们做事公平，可以做到以己及人，在想到自己利益的同时，也会顾及他人的利益和感受。

他们与上级、平级、下属保持融洽顺畅的工作关系，在工作中可以协调、调动各种公司资源支持自己的工作，团队内的人或其他团队乐于主动配合、提供帮助，这种关系的建立靠的是个人魅力和影响力。

第九，身体好，心理健康

作为潜力股，发展之路本就不是一朝一夕，而是一个持续漫长的过程。

在有关个人职业发展的文章和理论论述当中，很少有把身体和心理精神健康单独列出来作为一条主要内容来论述的。我把身体和心理精神健康作为潜力股的最后一项特质重点列在最后，是因为我们在上面提到的以上所有内容都需要身体和精神能量做支撑，最终才能得以实现。

一个人身体不好，心理或精神健康出了问题，他的工作热情和生活质量都不会高，想成为职场潜力股的前景堪忧，更谈不到去实现自己的各种目标了。公司在选拔各级人才的时候，对于身体不好的员工也是极其慎重的。

某种意义上讲，职场"潜力股"要比职场好员工的条件更为严苛一些，因为好员工的标准是现在的岗位要求，而"潜力股"不仅是符合现在的岗位要求，同时还要具备发展的潜能和素质。

我们总结出以上这些职场上"潜力股"所应具有的一些核心素养和特质，不是让我们觉得"潜力股"的标准太高，令我们望而却步。我们要相信这些特质和素养我们本身就都具有，只是有些地方强一些，有些地方弱一点。只要我们意识到这一点，肯于努力，对照这些核心素养，找出差距，我们也都有可能成长为优质员工。

第七章
CHAPTER 7

那些职场成功要素，你都具备吗

1

工作能力强的人都长这样

稻盛和夫先生是世界著名的企业家,被称为"日本经营之圣",他在《干法》一书中,将他的工作和人生观总结为如下方程式:

人生·工作的结果=思维方式×热情×能力

当我们从思维方式、对工作和事业所抱有的热情、自身所具备的能力这三个维度去观察身边工作能力强的那些人时,他们身上所具备的特质有很多是共同的,而且是十分出色的。

接下来,我们就参照方程式中的三要素逐一分析。

首先,思维方式是一个人工作观、人生观、和价值观的具体体现。对于工作能力强的人,他们对工作的态度、在工作中所体现的价值观都是非常积极和正向的。

正如稻盛和夫先生在书中所写的,这些在工作中能力强,取得了一定成就的人,他们通常都是这样的:

非常热爱工作。通过努力工作，获得回报，感受工作和人生的美好；

无论身处困境还是逆境，都抱着积极和开放的心态朝前看；

做事有建设性，有责任心；

勤奋、精益求精。

其次，我们再来谈热情。思维方式决定着工作的方向是否正确，而热情决定着在正确的方向上能否坚持下去，能够走多远。

最后，我们总结一下能力部分。工作能力强的人，会在以下几个能力方面特别突出。

第一，自我管理和调整能力

从职场到生活，自我管理和调整最为重要。时间和精力如何分配，情绪如何管理都体现出一个人的整体素养。

要想在哪里有收获，在哪里有进步，就要把时间和精力用在哪里。工作能力强的人在自我管理和自我约束方面要比大多数人更为严苛。那些职场精英其实就是付出了比其他人更多的汗水和努力的普通人。

在情绪管理方面，工作能力强的人虽然同样经常承受来自上级、客户、同事等多方面的情绪压力，但他们不会放任负面情绪随意滋长，他们更擅长让自己迅速保持冷静，静下心来沟通解决矛盾和问题；在面对工作中的突发情况和不确定性时，他们能够迅速接受并且消化掉，避免负面情绪干扰理性决策，做出错误的决断。他们懂得如何接纳情绪、控制情绪、化解难题，他们不发牢骚、不说怪话，而是专注于工作。

第二，持续学习能力

工作能力强的人，一定是虚心好学的人。他们绝不会放过任何一次学习提高的机会，比如前辈的指教，工作中成功经验、挫折和失败中的教训。他们不会安于现状，更不会在原地停留，他们通过学习走在时代之前。

第三，自我反思能力

工作能力强的人善于独立思考，具有反思的能力和习惯。稻盛和夫从年轻时就养成了每天反省的习惯，自我劝勉，保持谦虚的态度，不断修正轨道。工作能力强的人经常会对所做的工作进行复盘，通过总结归纳，不断改进自己工作过程中的缺点和不足，从而提升工作业绩。

第四，承受抗压能力

工作能力强的人有良好的逆商，在被拒绝或面对挫折时有较强的心理承受能力。他们在工作中面对困难和压力，他们可以咬牙坚持，不言放弃，想方设法去达成目标。

第五，计划及执行能力

工作能力强的人，他们头脑清晰，根据工作需要，组织相应的人力、物力和财力，并制定相应的工作计划，将工作按照优先紧急重要等要素进行排序，有效推进各项工作。凭借超强的执行力，确保工作的顺利完成。

第六，沟通协调能力

工作能力强的人通常具有高的情商。他们非常注意主动汇报和向上管理，及时寻求领导的帮助和支持。在同事与同事之间，以及部门与部门之间需要协调的时候，也具有非常好的沟通协调能力。他们具有很强的人际能力，不靠职权和行政命令，而靠个人影响力就可以解决很多的协同、配合和合作的需求，快速高效地解决所遇到的困难和问题，达成业务目标。

在实际的工作和生活中，思维方式、热情和能力这三个要素不是割裂的，是相互作用和相互影响的。思维方式的转变，会令我们的热情更加高涨，同时也会提升我们的能力。反过来，通过我们能力的提升，我们的热情可以更加持久，我们的思维方式中也会添加新的营养元素。只要在这三个方面上持之以恒下功夫，我们就一定可以成为职场上真正的强者。

2

为何很多能力强的人，却无法成为大领导

职场中打工人一个很自然的想法是，我只要工作能力强，把自己的业绩做上去了，我自然就可以被提拔成领导。很多人是这样想的，而且很多公司也是这样做的，即把工作能力强、业绩好的人提拔成团队领导。

通常，一名员工，如果他专业技能强、工作态度好、工作方法得当，他在工作上会体现为能力强，业绩突出。但是，在实际工作中，我们发现，有些个人业绩突出的人被提拔成领导后，并没有顺理成章地成为一个合格的领导。另外，还有很多业务能力很强的人，却无法成长为公司的大领导，这其中的原因到底是什么呢？

在一家企业，通常将员工分为个体贡献者（一般员工）和管理人员（领导）两大类。简单来讲，对个体贡献者的评估主要是看他的个人产出和发展，而对于领导的评估更多的是看他所负责团队的业绩产出以及整个团队的发展。

我们在上一小节总结概括了工作能力强的人的特点，而作为领导，特别是大领导，他们的能力素质模型，与一般员工的能力素质模型是有很大不同的。

我们依然参照稻盛和夫先生的工作人生方程式中的三要素来分析一下：

人生·工作的结果＝思维方式×热情×能力

第一，思维方式

除了我们在前一节中所列举的思维方式外，做领导，尤其是做大领导，他们的思维方式中还需要如下内容：

- 有协调性、有合作意识、善于与人共事；
- 有同理心、关爱心；
- 追求双赢或多赢；
- 做事公平；
- 遵循规则和流程。

与那些能力强的个体贡献者的思维方式最大不同之处在于：做领导的，尤其是做大领导的，在想自己的同时，也会想到别人、想到团队、想到公司、想到客户，他们的思维方式是更系统、更整体、更平衡的，不是偏激的。

第二，热情

与个体贡献者一样，作为团队领导，同样对自己的工作充满热情。但与个体贡献者不同之处在于，领导不仅要自己有热情，更要以自己的热情感染和带动整个团队，引领整个团队朝着共同认定的目标共同前进。

第三，能力

做一个部门领导，或者是一个公司的领导，从必备的能力角度，主要有以下几方面：

1.专业能力

领导的专业能力不一定是团队中专业能力最强的，但他的专业知识、技能和行业经验在团队中一定是至少处于中上水平的，是可以一起与团队就专业知识做研讨和分析的，不能是外行领导内行。

2.逻辑概念能力

作为领导，有很强的逻辑推理能力、分析判断能力以及抽象提炼能力。在团队遇到困难、问题时可以做出准确和及时的分析、判断。通过仔细地观察和思考，从那些看起来杂乱无章、复杂烦琐、纠缠不清的事务中，剥茧抽丝、化繁为简、发现问题根源，找出主要矛盾和次要矛盾，制定出相应策略，集中调度资源优先解决关键问题。

作为领导能及时发现总结规律，用于改进部门流程，提高工作效率，增加产出。

3.策略制定及执行能力

无论是管理一个部门，还是管理公司，必须要具备战略眼光。越是要成为大领导，眼光越要长远，看问题越是要看全局。作为大领导，要看市场，想整个公司的发展战略。

做领导的，要具备制定发展战略及经营策略的能力。简要讲，就是要知道现在在哪？想要去哪？达成什么样的目标？怎么达成这些目标？

通过层层推进，将以上目标、想法和问题，通过年度预算等机制制定成相应业务的发展策略，并把策略逐项转变成具体的行动计划，推动公司或部门加以落实。

4.风险预判及应变能力

与策略制定及执行能力相匹配的，就是风险预判和应变能力。在策略执行过程中，一定会遇到突发状况给公司带来经营风险。

对于风险，要基于对行业的了解，对经营状况的分析，及时做出预判并在事前有相应预案。对于突发的状况，具有应变能力，冷静、不慌张，带领团队迅速做出调整，避免给公司造成不可挽回的损失。

5.团队激励和人力发展能力

做领导的一方面要通过激励团队成员，以确保团队整体目标的达成，同时可以帮助每一名团队成员得到发展和成长。

做领导的必须情商高，具有个人魅力和影响力，再结合有效的激励手段，让团队成员心悦诚服地共同努力以达成团队目标。

做领导的又兼具同理心，关心员工的发展，通过发展员工的个人能力，一方面提升团队的整体实力，同时，也满足了员工个人职业发展的诉求，实现双赢。

6.业务平衡能力

作为领导,很重要的一项工作就是协调平衡好团队内、团队间的工作关系,与上级、平级以及其他业务伙伴保持顺畅的工作关系。根据业务需要,可以有效地赢得其他部门或上级的支持,保障部门指标的达成。

在职场上,能够从业绩优异的个体贡献者中脱颖而出,最终成长为合格管理者的人,一定是那些不断突破局限和补强自身所不具备能力的人。

3

为什么你还不是团队的核心员工

我曾经做过这样一个咨询案例:

Andrew在跳槽到一家知名的互联网公司之前,已经在好几家互联网企业工作五六年了,他有相关工作经验,很能干,之前几家公司对他的评价也都很高。他找到我时,告诉我他最近有点小烦恼,就是老板交给他的工作,在他看来不是团队的核心工作,这使得一向是团队业务骨干的Andrew感觉不太好,他想知道,老板为什么会这样做?是不认可他的能力吗?这种情况如何转变?

是不是有很多读者朋友会遇到过同样的情形？也有过和Andrew一样的感受？

我和Andrew一起做了认真的分析，也给他提供了相关的建议。现在，我把和他讨论的内容分享出来，供可能会遇到同样境况的读者朋友们参考。

首先，结合Andrew所描述的情形和他的感受，我分析主要有以下几方面的原因：

一、老板在给新员工时间熟悉新的工作

虽然Andrew在之前的几家公司已经是业务骨干，但作为一名新员工，对于公司的制度、流程、文化、业务、资源、团队等都有一个学习和熟悉的过程，和团队的合作也需要磨合和适应。

在一个部门内，越是有挑战性的工作内容，越是需要对公司的系统、资源、业务流程、组织框架等内容的熟悉掌握和深刻理解。这种掌握和理解仅仅通过新员工培训是不够的，边做具体的工作，边熟悉、边掌握、边磨合是最有效的方法。领导的这种安排也是很用心地在帮Andrew热身。

二、老板需要了解新员工的真实能力和工作稳定性

虽然在面试时，老板已经对Andrew的实力和背景做了肯定，否则也不会用高薪挖他过来。但面试中的了解和在具体工作上的能力展现还是有很大区别的。新员工会不会出现水土不服、能不能充分施展老板所预期的工作能力，也是要在具体的事儿上才能看出来。

老板的工作分配也包含了对新员工真实能力进行考察和评估的成分在里面。

还有一点，老板会考虑新员工的工作稳定性，如果在试用期内，无论因为公司方面原因，还是员工个人的原因，员工的工作发生了变动，如果员工已经承担了部门的核心任务，这会给公司造成十分被动的局面。

三、部门内的工作有延续性

作为老板，首先考虑的是要确保团队业务目标的实现。他在做工作任务分配时一定会将核心工作交给自己了解和信任的核心员工。而且，工作的分配在时间上有一定的阶段性和延续性，老板需要确保原来所分派工作的按期完成。中间换人存在风险和不确定性。

可能Andrew在适应了新的公司环境后，从能力匹配的角度更适合去承担核心任务，但老板也一定是在不影响整个团队业务正常运转的前提下，选择合适的时间点去重新分配和调整团队成员的工作分工的。

鉴于以上三方面可能的原因，我给Andrew做出如下几点建议：

第一，充分利用好这段适应期

新加入一家公司，有这样一段时间作为适应期是非常宝贵的。要利用好这段时间快速熟悉工作及周边环境，包括公司、客户、政策、流程、制度、组织架构、公司文化，等等。在完成所分派工作的同时，与团队磨合顺畅，快速融入团队，发挥团队合作精神，这是新员工做好工作最重要的前提。

第二，充分展示自己的实力

对于新员工来讲，接受的每一项工作都要当作重要的核心工作来对待，对于工作任务认真对待，就可以在工作中百分之百地发挥自己的能力，才有可能出色地完成任务。老板看到新员工的正向态度和不断呈现的能力，才会逐渐对新员工建立信任，并把重担放到他的肩上。

第三，专注手头工作

因为刚到一个环境，和老板还没有建立互信关系，容易受到外在环境的影响，情绪出现波动，这很正常，是可以理解的。这个时候更要专注手头工作，不要东想西想，不要玻璃心。要相信自己的实力。

因为掌握信息的层面不同，员工眼中的非核心工作，在老板心中可能就是非常重要的业务。所以，作为新员工，高质量地完成每一项工作任务是首要选项。

第四，与老板保持有效沟通

作为新员工，更要主动与老板进行沟通，面对面的沟通更为有效。与老板沟通可以包括以下主要内容：

- 向老板汇报你的工作进展；
- 你在来公司后的收获和学习成果；
- 你尚未解决的问题或遇到的困难；
- 征询老板对你表现的意见和建议；
- 向老板表达你对新工作的喜爱以及愿意承担新挑战的愿望。

通过沟通，让老板看到你的收获、工作成果、工作能力、精神面貌以及对承担新任务的积极渴望。同时，你也直接获得了老板对你过去一段时间的直接评价和反馈以便做出相应的改进和调整。这对于一名新员工的职业发展来讲是非常重要的。

Andrew在听了我的分析和建议后，非常认同。过了一段时间，Andrew告诉我，他回到工作岗位上，平复了心态，专心工作，不再纠结于手中的工作是不是核心任务，并与老板定期进行沟通，征求老板的反馈，修正工作方向。结果是，他快速地赢得了老板和团队的认可，脱颖而出，成了团队内的核心骨干。

4

那些工作越换越成功的人，有什么共同点

职场人是不是应该经常跳槽换工作，俗语很多，"人挪活，树挪死"，看起来是在说换工作会有好结果，而"做生不如做熟"又看似在说职场上应该追求稳定。两句话听起来都有一些道理，但是细品又都缺乏目的性。职场上是不是应该换工作不能凭感觉，更不能听俗语的。那应该以什么为准呢？

在职场上换工作，肯定是为了达成更高的目标，那我们就看看那些

工作越换越成功的人，都具备什么共同点呢？

第一，他们知道自己为什么要换工作

对于自己的职业发展，他们有一个明确的目标。

我认识一个特别优秀的小伙伴，他曾跟我说他的梦想就是想做上市公司的CFO。他是上海交大计算机专业毕业，校招考入四大做审计。几年后，在一家做特卖的电商上市公司投资部做审计经理。又几年后，他进入一互联网大厂做投资总监。他已经在追求自己职业梦想的路上迈出了坚实的几步，我相信在不远的将来，他会实现梦想的。

目标就像是灯塔和指南针。在职场上，如果没有灯塔、指南针帮我们指明方向，很可能迷失自我。所以，那些通过跳槽来实现自我的人，都有着清晰的目标，他们从来不会盲目地跳槽。

第二，他们知道自己如何换工作

他们都有清晰的职业规划。

我在前文曾提到的Andrew，他几次换的工作都是围绕着他的专业和兴趣，他在第一家公司做运营专员、三年后跳槽到一家规模更大的公司做运营主管。又工作了几年后，跳槽到一家大厂做了运营经理。他的每次跳槽都是围绕着自己的职业目标。

实现心中的远大目标，需要一个具体的行动计划，将大目标分解成一个个小目标，分阶段地去实现，这就是职业规划。这个规划可以根据具体情况进行调整，但无论怎么调整，它都会引导着我们去实现自己的终极目标。

职业规划，就好像一张航海地图，有灯塔、有指南针，必须也要有地图，才能帮助我们避开职场上一个又一个坑，沿着正确的道路奔向自己的目标。

第三，他们知道自己何时换工作

工作越换越成功的人在换工作时，会从时间和空间两个维度进行考量。

1. 时间维度

他们在一家公司里工作的时候，一方面专注于工作，以取得更出色的业绩。同时，他们还会有意识地让自己及时了解行业、了解公司、了解自己。他们这样做的目的在于：

- 避免在走下坡路的行业，白白付出机会成本和时间成本；
- 避免在经营状况不好的企业里，影响自己的业绩和成长；
- 避免自己的知识、技能、行业经验出现停顿和落伍。

他们时刻关注可能影响自己职业发展的外在和内在因素，保持自己在市场上的竞争力，并在最具竞争力的时候尝试和选择与自己职业目标一致的机会。

2. 空间维度

他们时刻关注自己的能力发挥空间。当所在企业平台的发展空间有局限，或者是提供给员工个人的职业空间有天花板时，对于那些有职业目标、有职业规划的人来说，这将是他们换工作的重要参考因素之一。缺少了能力发挥的空间，那么跳槽就是必然。

第四，他们还知道在什么情况下不换工作

一个人知道什么情况下该做什么，什么情况下不该做什么，才能在正确的道路上走得长久。在论语中，有这样一句话："君子有所为有所不为，知其可为而为之，知其不可为而不为，是谓君子之为与不为之道也！"说的正是这个意思。

他们绝不会做这几件事：

1. 仅仅为了高薪而换工作

换工作是为了自己的职业目标，不断提升自己能力并实现自己价值的一个过程。在这个过程中，我们肯定希望自己价值的提升体现在收入的增加上。

但有的时候，有些企业为了达成一个短期的目标，给我们开出非常有诱惑力的高薪，而如果仅仅为了赚到高薪就跳槽，很大的可能会掉进这个高薪的坑里面。高薪意味着高要求，高要求意味着高风险。

同时，我们可能会忽略很多重要的考察因素，比如公司的企业文化、财务状况、领导风格、行业趋势，等等，我们可能会高估自己的实力，觉得在市场上我们值这个身价。一旦我们进去了，发现企业的状况很难让我们生存，更不要提职业发展了，到那个时候，就已经为时已晚。

2. 为换工作而换工作

换工作是手段，不是目的。有的时候，在一家公司工作时间长了，有了疲态，有的人希望通过换工作寻求新鲜感和刺激感，这就本末倒置了。

换工作就是为了依照自己的职业目标，追求更好的职业发展。而如果为了换而换，职业目标不清晰，这样换工作不会带来成功，新工作的新鲜感也很快会随着时间的流逝消磨殆尽的。

3.为了自己的情绪而换工作

在职场上，每个人都会因为工作、同事关系、客户、上下级产生烦恼、不愉快等情绪，如果单纯因为这些负面情绪就跳槽，想通过跳槽让自己有一个好的心情，那一定会在新的公司遇到新的问题，如果产生了新的情绪，那又该怎么办？

所以，那些越换工作越成功的人，他们绝不会被自己的情绪牵着走，他们一定是通盘考量自己职业发展的各方面因素，慎重选择变换工作，从而达到成功的目标。

在职场上，工作越换越成功的人一定是有职业追求的人，他们对自己的职业生涯进行有效管理，确保自己在不同的年龄段具备与之相匹配的竞争力，以利于在不同的发展阶段抓住适合自己的机会，逐步实现自己的终极目标。

5

什么样的领导值得下属追随

杰克找到我做咨询时,刚刚被提升成一个部门里带人的经理,团队有7、8人,他很兴奋,也稍有一点紧张。他向我咨询的主题是,怎样做一个值得下属追随的领导?

我们做了细致的交流和探讨,从专业技能、人际技能、个人品行等几个方面进行了交流,并达成共识。

我们认为,一个值得下属追随的领导是那种具有个人威信、能够建立信任、激励团队、营造良好工作环境和关注员工个人发展的领导者。

现在将这些共识中的关键要素分享给各位读者朋友们。

第一,关于具有个人威信

个人威信建立在领导个人的过往业绩、专业能力和业务水平上。员工觉得跟着这个领导,团队指标肯定可以完成,员工对领导有信心。

超强的领导力和执行力:做领导的目标清晰,计划完整,执行有力,业绩出色。在没有做领导前,个人业绩突出。做了团队领导后,连年带领团队完成业绩目标。

良好的决策能力:作为团队领导,他们具备良好的决策能力,能够在复杂和不确定的情况下做出明智的决策。一直保持着高的正确决策比例。

承担风险能力：他们具备承担风险的能力，能够在面临压力和不确定性的情况下做出明智的决策，展现出果断和勇气，敢于拍板，并对决策结果负责。

创新和适应能力：他们引领和鼓励团队创新，并具备适应变化的能力。持续关注行业和市场的变化，并带领团队适应新的挑战，抓住新的机遇。

第二，关于建立信任

一个值得下属追随的领导通过自己的人格、价值观、言谈举止、行事方式等赢得员工的信任。信任建立在员工对领导言行的观察和感受上。员工建立了对领导的信任，领导说什么、做什么，员工都会相信。

以身作则：他们不是说一套，做一套，要求员工做到的，自己一定会率先做到。在工作中，他们展现出高尚的品德和道德标准。保持诚实、正直的行为，并树立榜样，以启发下属的行为和价值观。

做事公平：他们能公平对待所有员工，遇到问题，对事不对人。不偏袒任何个别员工，给予每个人公平的机会和待遇。在工作中，建立一个公正的奖励和晋升体系，确保每一名员工能够得到公正的评价和回报。

倾听和关怀：他们善于倾听下属的需求，关心他们的个人发展和利益诉求。他们与下属建立良好的沟通渠道，并提供有力的支持和及时的指导。

信守承诺：赢得下属的信任非常重要的就是说话算话，俗话讲"不放空炮""不拉抽屉"。言出必行、兑现承诺，这是与下属建立信任的基石。

第三，关于激励团队

员工愿意跟随领导，一方面是出于对领导的信服和信任，另一方面就是觉得在领导这里自己是有价值的，自己的价值是被领导所赏识的，自己的价值是可以获得承认和回报的。领导通过有效的激励令员工发挥更大的价值。

激励和赋能：他们有能力激励员工超越自我，挖掘潜力，并提供适当的培训和发展机会。他们通过赞赏和奖励下属的优秀表现，鼓励他们不断提升。

共享成功：领导在团队取得成绩、受到奖励时，会将这份成功和奖励分享给团队成员。领导自己有"肉"吃，一定会带上下属。下属对领导有这样的一份信任：我只要好好干，领导肯定不会亏待我。

第四，关于营造良好工作环境

做领导的，无论是为了确保团队业绩的出色完成，还是出于对下属的关心和体恤，都要尽力为下属营造良好的工作氛围。

灵活性和包容性：领导者应该具备灵活性和包容性的特质。他们能够适应不同的工作风格和个人需求，展现出开放和包容的态度。这样的领导者能够创造一个多样化和包容性的工作环境，让下属身心愉悦，从而激发出更大的创造力和创新力。

团队合作和协作：他们鼓励团队合作和协作，营造一个相互尊重和支持的工作环境，鼓励员工之间的合作，促进团队的凝聚力和工作效率。

关注员工个人生活：他们自己会追求平衡的生活，同时关注员工的身心健康和生活幸福。他们会采取行动和措施来保持员工的工作与生活平衡。

增强团队成员归属感：通过建立各种机制、安排各种活动，增强下属的团队归属感，通过建立密切的工作伙伴关系，增强团队的凝聚力。

第五，关于关注员工个人发展

值得下属跟随的领导都是教下属真本事的领导。他们发自内心关心和帮助下属的个人成长，而不是把他们当作完成团队目标的工具人。

学习和竞争力导向：他们不断追求知识和学习，持续发展自己的专业能力和领导力，同时，他们鼓励员工的学习和成长，提供学习机会和资源，以确保整个团队和每一名成员个体在变化的市场上均保持足够的竞争力。

反馈和发展导向：他们提供积极的反馈和指导，帮助下属改进和成长，下属犯了错误，他们会及时指出问题，将下属引导到正确轨道上。他们重视员工的发展，制定个人发展计划，并提供适当的培训和资源。

做下属的想法很朴素，在一个开心的环境里，跟着一个好领导，实现自己的价值，让自己有所成长，有所收获。而做领导的，想到这些，做到这些，就是一个令下属愿意追随的好领导。

临近咨询结束时，我再三叮嘱杰克，我们总结出以上关键要素，目的是自己要成为那样的领导，并为自己的努力找到方向。而不是拿这些条件和要素去衡量评估自己现在的领导。因为，这样做一是没有任何用处，只会自寻烦恼，二是如果总有这样的想法或念头，就会在工作中有意无意流露出来，造成与领导之间的矛盾或误解。读者朋友们在阅读此章节时也要特别注意此点。

6

哪些细节决定职场成败

一个人在职场上能否取得成功取决于多个因素，包括个人素养、职业态度、专业能力、人际关系，等等。然而，这些因素在实际工作中又都是由一个个具体的动作和细节组成并体现出来的。所以，我们说，细节决定成败。

每一天的工作都是由许许多多的细节组成。我们说细节重要，但是，又有哪些细节更为关键？并决定着职场上的成败呢？我们把这些关键的细节整理出来供大家参考。

第一，自我定位和保持觉知

之所以把这点放在第一的位置，是因为做好这个细节是做好所有职场中细节的关键、前提和根本。

在建立清晰的职业定位后，明确了自己的长期目标，秉持坚守自己的价值观，始终对自己的思想和行为保持这个提醒和觉知，才能做到每一天都在为达到目标而努力。

第二，坚守职业道德和诚信原则

在职场上，坚守职业道德和诚信是必须要做到的细节。坚守职业道德准则，遵守职业规范和法律法规，展现出高度的诚信和责任感。诚实、可信赖的形象将令你赢得他人的尊重和信任，为职业成功打下坚实的基础。

在现实中，充斥着种种诱惑，能否守住底线，以高标准要求自己，遵守公司的各项财务制度和业务流程，是日常工作中必须要做好的细节。

第三，做好时间管理

一个人的时间用在哪里、精力和注意力用在哪里，产出和结果就在哪里。

在快节奏的职场中，自我管理和时间管理是关键技能。工作上做到合理规划和管理时间，善于高效地处理任务和项目，才能提高工作产出，不断取得成功。

对属于自己的时间，时间管理也一样是重要的或者说更重要。现代社会，消磨浪费时间和精力的方式、途径太多，各种娱乐、新闻、热点、购物、社交软件和应用充斥我们的周围时空，我们完全深陷其中，稍不觉察，大量宝贵的时间和精力就白白流走了。而决意走向自己目标的高效人士则一定会管理好自己的时间，他们主动下掉或不碰这些应用，不去打开短视频，把时间和精力用在更有价值的地方。

第四，做好情绪管理

情绪人人都有，在日常工作中必须要学会识别和管理自己的情绪。

通过觉知识别情绪，通过理智管理情绪、纾解压力。希望在职场取得成功的人，需要通过不断的努力，做到自己不被情绪带走，用理性主导思想、语言和行动。他们保持积极的工作和生活态度，令自己的身心处于愉悦、平和的状态，从而更好地平衡工作和生活。

第五，追求高的工作品质

对于工作，在量和质上，时刻保持高的品质追求。

通过培养认真细致的工作态度，注重工作过程和工作产出的质量，提升个人的职业形象和信誉。对所有与工作相关的内容（包括生产制造、做研发、搞实验、撰写报告、进行设计、从事销售、工程建设和施工，等等）进行仔细审查，确保安全性、专业性、准确性和完整性。同时确保工作的高质量和卓越表现。

第六，保持良好的职业形象

在职场中，个人形象对于职业发展和成功起着重要作用。注重仪表和着装，保持专业和整洁的形象。注意言行举止的得体和礼貌，有意识提醒自己挺胸、收下颌、目光坚定、专注，面部表情放松、友善，讲话发言口齿清楚，不疾不徐，充分展现出职业的自信和自律。

第七，建立良好的人际关系

在职场中，良好的沟通和人际关系至关重要。在沟通过程中，清晰地表达自己的想法，耐心、专注地倾听他人的意见，对不同的意见和看法给予充分的尊重，懂得换位思考，善于从双赢或多赢角度做出建议并达成共识。

人脉是重要资源。与同事、领导和合作伙伴建立良好、有温度的工作关系。有效的沟通和积极的人际交往能够帮助你在团队中更好地发挥，并得到他人的支持和认可。

第八，低头拉车不忘抬头看路

努力工作是成功的基础，对这个道理没有任何争议。但是，如果要在职场上获得最终的成功，从开始就要确保自己一直在实现这一目标的正确道路上。在大的目标明确后，需要有具体的计划，支持自己去实现目标。要依照大的目标对行动结果进行阶段性和持续性的评估，对具体的行动计划做相应的修订和调整。

在公司工作也是一样，不仅自己要紧盯自己的目标，还要关注部门目标和公司的大目标。以公司的大目标和部门目标作为自己努力的方向，适时根据部门领导对自己工作的反馈，调整和修正自己的工作重心和方向。

第九，秉持做人的优秀品质和素养

职场就是生活。在职场上，始终秉持做人最朴素、最基本的道德水准、品质和素养，比如：善良、感恩、尊重他人、谦逊、信守承诺、守时、追求公平、诚实，等等。

在工作中，我们有时会遇到一些没有定式可以依循的状况，而这时按照公认的做人基本原则去行事一定是没有问题的，这会令你在职场上赢得更多的信任和尊重，并帮助你最终取得成功。

以上列举的细节只是职场成功的关键要素的一部分。现实中，每个人的情况和职业发展路径会有所不同。但是，可以肯定的是，在职场中取得成功并不是一蹴而就的，需要长期的努力和不断的学习。我相信，关注以上这些关键细节，并努力提升自己在这些方面的能力，将有助于你在职场中取得更好的成绩和更大的成功。

7

如何从团队中脱颖而出

戴曦进入职场一年多的时间,她所在的团队有20多名员工,大家都汇报给一位主管。因为团队太大,一年多来,她感觉老板根本没有注意到自己的努力和成绩,更不要说被认可了。因此,她很苦恼,想知道怎样才能让老板看到自己在工作中的努力和成绩,并从团队中脱颖而出。

对于在职场上打拼的朋友来讲,戴曦的苦恼和问题,是不是一个很常见的问题?

我给出的答案是:一要肯干,二要能干,三要会说。

这三点也是做一名有潜力员工的素质模型,即:工作态度、工作能力、沟通能力。

接下来,我们展开介绍一下:

第一,肯干

在一个岗位上,员工工作态度是首要的。能够在团队中脱颖而出的,是那些肯于付出、工作积极的人。他们会有如下精神和态度:

不辞辛苦。在一个部门中,总有一些苦活儿、累活儿、脏活儿,也有相对轻松一些工作。员工中,有斤斤计较的,也有不辞辛苦的,无论被分配什么工作,他们都会认真对待,他们不发牢骚,加班加点也会把工作做完。

不畏艰难。对于有困难,有挑战性的工作,他们不会选择逃避,会迎难而上,想方设法解决困难,攻克难关。

主动担当。在部门里,有些费力不讨好的工作,有些工作处于中间地带,责任归属不明晰。责任心不强的员工会选择视而不见,唯恐避之不及,但肯干的员工会主动请缨,自告奋勇,以部门或公司利益为重,敢于承担责任。

自律性强。员工最后能否脱颖而出,快速成长,很重要的要看他们自律性是否强,自我要求高。

第二,能干

在一个团队中,员工仅仅有积极的工作态度是不够的,公司或部门领导,对一个员工的评价,重要的是建立在正向态度和价值观基础上的业绩产出。而业绩产出则基于员工的工作能力。能干的员工会是这样:

努力达成目标。他们根据指标制定计划,组织相应资源,严格执行计划。无论是被分派的任务还是主动承担的任务,他们都会竭尽所能,按时按量完成自己的业务目标,或者超额完成目标。

体现团队合作。在完成自己业务目标的同时,他们会十分注意团队合作。作为团队的一分子,他们深知完成自己的业务目标,需要其他人的合作支持。他们在工作中把握双赢的原则,在完成自己业务目标的同时,帮助他人实现目标。

保持自我成长。他们会利用各种机会主动学习,不断成长。他们向书本学习、向前辈学习、向困难和挫折学习，通过总结经验和教训，个人能力不断得到提升，从而可以承担更多的责任，为团队做出更大的贡献。

第三，会说

肯干，能干，也要会说。在这里，说不是为说而说，也不是为了取悦讨好而说，而是为更好地干、更好的工作而说，是为了公司发展而说。

能够脱颖而出的人非常清楚说与干的关系，他们知道说与干本来就不分，本来就是一回事，说就是干的一部分。

1.他们知道为什么说，对谁说，怎么说。在本书中，关于如何与老板做沟通有专门的章节做介绍，欢迎读者朋友们阅读参考，此处不再赘述。

2.他们把说与干很好地结合在一起。

工作中，他们重视定期做书面报告的制度，认真准备报告，将工作进展、问题、困难以及自己解决的办法等内容通过报告向老板呈现，得到老板的支持，收到老板的反馈和指令。

他们会自然地应用口头交流方式，与书面报告形式相辅相成。通过面对面口头交流拉近和老板的关系，增进相互了解，解决工作中遇到的问题，帮助自己成长。

他们非常重视各种业务会议机会。会前做充分的准备，会上仔细倾听，认真思考，积极发言。他们这样做，可以最大程度上从会上获益，汲取有价值的养分和内容，开阔眼界，向他人学习。另一方面为解决公司问题积极献计献策，同时可以充分展示自己才能。

3.培养和展现自己的全局视角。无论是在日常与老板的沟通中，还是在各种业务会议上，他们非常注意培养自己的思考习惯和能力。看待业务中的各种事情和问题，会从全局出发，并且看得长远。这种思维习惯和能力会逐渐把他们带到一个新的高度。

态度决定思想，思想决定行为，行为决定结果。在看待如何脱颖而出这个问题上，也是一样的。作为基层员工，我们希望在贡献自己价值的同时，得到领导的承认和赏识，为自己的成长赢得更多的机会。

实际上，我们要做的就是不心急，认真踏实地工作，努力创造出好的业绩，我们就已经在不断的成长过程中，加上不断提升的沟通能力，被领导承认和赏识，在团队里脱颖而出就是水到渠成的自然结果。

第八章
CHAPTER 8

直面挫折，调整心态才能逆袭翻盘

1

对未来迷茫时，该做些什么

　　Keith是我曾经就职的一家世界500强NCR公司的全球高级副总裁，他退休前最后一次来中国出差时，公司组织了一次员工见面会。在会上，公司里的年轻人请这位在职场上打拼了一辈子的成功人士介绍自己的成功秘诀。

　　Keith娓娓道来，其中一段内容令大家意想不到，却又给人留下了十分深刻的印象。他说，在自己40多年的职业生涯中，每天都在面对变化，很多时候，这些变化带给他的是迷茫和不知所措。"当看不清前面的路时，"他说："我通常选择做好手中的工作。"

　　这段分享，听着似乎和成功秘诀关系不大，但细品，却又蕴含职场精髓：职场上，变化是常态，身处变化中的我们，感受到迷茫和不知所措，那是再正常不过的感受。在面对迷茫时，Keith这个做法非常值得我们学习借鉴。

第八章
直面挫折，调整心态才能逆袭翻盘

再讲一个真实的案例：

首先，请你想象这样一个情景，一名普通高校毕业的大学生，他资质平平，大学毕业后，好不容易找到一份工作，可入职后却发现，这家企业经营状况不好，困难重重，濒临倒闭，工资都不能按时发放，没过多久，一起入职的小伙伴纷纷辞职离开，只剩下他一个人还在痛苦强撑。面对这种在现实生活中也经常会看到的情景，如果刚好你对这个年轻人有一定的影响力，你是不是基本上也会劝他考虑换个工作，对他也许是一个更好的选择吧！

当初一个痛苦强撑的大学生，他选择留了下来，经过多年的努力，后来成长为世界著名的企业家，并被称为"日本经营之圣"的时候，你会做何感想？他就是稻盛和夫先生。

稻盛和夫在《干法》一书中这样回忆当年的心路历程：

我那时候想，辞职转行到新的岗位也未必一定成功。有的人辞职后或许人生变得更顺畅，但也有的人，人生却变得更加悲惨。有的人留在公司，努力奋斗，取得成功，人生很美好；也有的人虽然留任，而且也努力工作，但人生还是很不如意。所以情况因人而异吧。究竟离开公司正确？还是留在公司正确呢？烦恼过后我下了一个决断：先埋头工作。正是这个决断迎来了我"人生的转机"。

在Keith和稻盛和夫先生身上，我们看到，在面对未来的迷茫时，他们并没有停下来左顾右盼，放松对自己的要求，他们无一例外地选择了如下正确的态度和行动：

一、专注当下，做好手中工作

对未来迷茫的主要原因是，我们对未来的不确定性产生忧虑和担心。这些忧虑和担心除了令我们迷茫、分散我们的注意力、降低我们的生产力之外，没有任何意义。

稻盛和夫和Keith用自己的实际经验告诉我们，面对不确定性、面对迷茫，无须做其他，只要专注当下，做对手头每一件事、每一个动作，自然就会慢慢走出这段迷茫。

二、认真工作

所有取得成功的人，都是认真工作的人，越是在对未来迷茫时，就越要认真地工作。

稻盛和夫对于工作是这样说的："工作能够锻炼人性、磨砺心智，工作是人生中最尊贵、最重要、最有价值的行为。"这句话是稻盛和夫工作观和人生观的重要体现。

但你可能并不知道，刚参加工作时的稻盛和夫同现在许多年轻人一样，听到这句话，也曾不屑一顾，那时，他并不是一个热爱工作的人，他曾认为，在工作中要遭受苦难的考验简直是不能接受的事儿。为什么后来他会有如此大的转变，发自内心地说出这句人生箴言呢？正是前面我提到的那家曾濒临倒闭、工资都不能按时发放、同事们相继辞职的松风工业公司让他扭转了人生。

当稻盛和夫先生选择留下来以后，他对工作的认真程度，可以用"极度"二字来形容。他把锅碗瓢盆搬进实验室，睡在那儿，昼夜不分，全身心投入研究工作中。面对前沿、尖端的研究，他觉得光用死劲不够，他还订阅了很多美国的专业杂志，如饥似渴地学习钻研。年轻的稻盛和夫就是通过这样的拼命努力，不到25岁，就成为无机化学领域崭露头角的新星，开始步入良性循环。

认真工作不仅帮助稻盛和夫先生战胜了迷茫，更是令他一步步走向自己想要的人生。

三、坚持，坚持，再坚持

面对未来的迷茫，你专注当下，认真工作，这就是做了正确的选择。既然做了正确的选择，就要像稻盛和夫先生那样坚持、坚持、再坚持，绝不轻言放弃。

无论未来是组织调整也好，业务变化也罢，既然公司没有叫停你的工作，按原计划完成自己的业务目标，就是硬道理。

你专注当下、认真工作，一定会不断提升自己的工作能力和业务水平，而且在任何时候，任何公司都不会让能干而又肯干的员工吃亏的。

2

如何活成内心渴望的模样

年轻人离开学校，步入社会，随着时光流逝，当初胸怀梦想，自身条件差别不大的年轻人，会慢慢出现差别，有的人努力奋斗，逐渐成长为公司的业务骨干，有的人躺平多年，业绩平平，意志消沉。时间线拉得越长，这种差别会越来越大。是什么原因导致了这种差别呢？

哈佛大学有一个著名的、关于目标对人生影响的跟踪调查，对象是一群智力、学历、环境等客观条件差不多的年轻人，调查结果发现，3%的人有清晰且长期的目标，10%的人有清晰但比较短期的目标，60%的人目标模糊，27%的人没有目标。

经过长达25年的跟踪研究，结果发现，这群人的生活发生了很大变化，且规律非常明显：

对于3%有清晰且长期目标的人，25年来，他们都朝着同一方向不懈地努力。努力的结果是，他们几乎都成了社会各界的顶尖人物、行业领袖和社会精英；

对于10%有清晰短期目标的人，大都生活在社会的中上层。他们的共同特点是，那些短期目标不断被达成，生活状态稳步上升，成为专业人士，如医生、律师、工程师、高级主管；

第八章
直面挫折，调整心态才能逆袭翻盘

对于有模糊目标的60%的人，他们几乎都生活在社会的中下层，他们能安稳地生活和工作，但都没有什么特别的成绩；

剩下27%没有目标的人群，生活都过得不如意，常常失业、靠社会救济，习惯抱怨他人、抱怨社会。

我曾经就职的全球科技公司NCR的CEO——马克·赫德先生于1980年大学毕业后加入NCR。上班的第一天，风华正茂、自信满满的他站在公司大堂，对一起入职的小伙伴说："我将来要成为这家公司的CEO。"心怀这个梦想，经过23年的努力奋斗，在2003年，他被董事会任命为NCR公司的全球CEO，实现了当初的豪言。随后一些年，他分别担任过惠普公司和甲骨文公司的总裁、CEO、董事会主席等高阶职位。

心怀梦想，并对实现自己梦想有强烈的渴望。他们相信自己梦想的美好、相信自己的力量。这是他们面对挫折百折不挠的内在动力。有了梦想，强烈渴望，坚持努力、矢志不移，一步步去实现。

每一名年轻人对自己的未来都有梦想，内心都有一个渴望成为的模样。建议年轻的读者朋友深深地思考自己的梦想究竟是什么？自己到底想活成什么样子？自己的路到底该如何走？

很多时候，我们不愿思考，不愿面对，选择回避。但我们要知道，一个人如果梦想不清晰，渴望不强烈，大概率就是随波逐流，走到哪算哪。而那些梦想清晰，渴望强烈的人，他们内在的动力十足，又肯于吃苦和行动，假以时日，他们一定会成为各自领域的佼佼者。

3

感觉撑不下去时，如何实现反转逆袭

俗话讲，人有悲欢离合，月有阴晴圆缺。生活中，随着处境的变化，我们体会到的情感也是十分复杂和多样的，有欢喜、快乐和美好，也有痛苦、失落和悲伤。

人在顺境，感受快乐和美好，会觉得一帆风顺，意气风发，时间过得很快。

但身处逆境时，会闷闷不乐，情绪低落。有时，对处境的无力感，使我们选择躺平以应对……有时，更困难的一些情况使我们觉得心累，内心充满了挣扎和不知所措，严重到万念俱灰，对一切都没有了兴趣和希望，感觉自己快要撑不下去了……

此时，我们该如何应对？如何调节自己走过这段困难时光？

结合我自己的经验，面对这种状况时，可以采取如下步骤和方式：

一、对自己理解、包容和接纳

首先要和自己对话，告诉自己有这样的感受是正常的。

和自己的内心对话是非常重要的，人感觉自己快撑不下去时，对自己产生怀疑和否定，这个时候，要告诉自己，任何人都有可能遇到这种情况，都有可能产生这种感受和情绪，告诉自己这种感受和情绪是正常的，对自己讲会找到解决问题的办法，一切都会过去的，自己也会重新振作起来……

这种对自己的安慰和自洽，对于平复你的心境非常有帮助，只有能和自己对话，能调动自己了，哪怕只有一点点，哪怕只是刚刚开始，就有了反转的希望。

要对自己的情绪和状态理解、接纳和包容。不要苛责自己，而是要鼓励自己，把自己当作最好的朋友去对待。

二、找出令我们"心累"和撑不下去的真正原因

凡事都有原因，解决问题的关键是要找出那个让我们"心累"的原因。找一个整段的时间，不受外界打扰，在一个安静的空间，对话自己，将心中的烦恼和心事，完完整整地写出来，让自己的心看清楚，究竟是什么在困扰你。

我们觉得很多问题在缠绕着我们，但是我们并不清楚到底是什么问题，通常来讲，令我们感到身心俱疲、万念俱灰的问题会来自我们人生的几大领域：事业与财富、社交、身体、家庭生活、精神健康等。按照这几个分类，把这些问题逐一写出来，不分大小。

当你把这些问题逐一写出来之后，你就分清了问题大小和原因主次了。

三、根据问题本身，制定相应的计划并着手执行

当你在纸面上看清楚问题本身，分清了它们的主次和轻重缓急，你

会忽然觉得这些问题没有想象的那么可怕了。解决它们，只是时间先后的问题。

找到了原因，根据具体情况，有针对性地制定计划，主动开展自救或寻求外部帮助。

在你找到的问题当中，一些是我们自己可以解决的，一些是我们自己不能解决的。对于可以解决的，从"感觉撑不下去"到自己动手解决，最重要的是先要调动自己最大的能量，让自己行动起来，这里面，有如下方法可以采用：

1.让自己的身体先动起来，每天强迫自己规律作息，这种强迫一开始会很痛苦。但一定要坚持动起来，晒太阳，做户外运动，跑步或甩开胳膊大步快走都会很有效，这对摆脱低落情绪很有帮助。我们的身体和精神状态是相互影响的；

2.我们在第一条中提到，要自我对话、自我包容、自我接纳，但是不要总是自怨自艾，遇到困难，除了可怜自己，同时也要多想想家人，多想爱你的人和你爱的人，这也会让你产生走出来、撑下去的动力；

3.可以从现在环境里抽离出来一段时间，来一次说走就走的旅行，放松一下，充充电。换一个环境，也就有了不一样的心情；

4.不去后悔过去，很多人沉迷在过去出不来。不要总看自己都失去了什么，要看自己手里还有什么？人在，最重要反转逆袭的本钱就在。

对于自己不能解决的问题，要主动寻求外部帮助。主要包括：

寻求专业指导和帮助，有时，我们的心理出了问题，或者身体器质上出了问题，也会产生抑郁或躁动倾向，对生活失去兴趣，对自我和他人产生怀疑，这个时候要去寻求心理咨询师或精神科医生的帮助，不要讳疾忌医；

如果是职业发展出了问题，可以找自己部门的领导或HR部门领导，寻求他们的指导帮助，或者是找职业发展咨询师及业内有经验的大咖，请他们给一些专业的意见；

对于涉及法律方面的问题，更要及早寻求法律专业人士的帮助，请专业的人给你专业的帮助；

对于日常的一些不好言说的苦恼，去找最信任的闺蜜或好兄弟好好唠唠，把压抑在心的情绪纾解释放出来。

不后悔纠结过去，不担心和忧虑未来，专注当下，做对每一件事、每一个动作，可以从很小的一件事开始，这样自然就会慢慢走出你感觉马上就沉下去的泥沼。

每个人的一生中都会经历各种各样的问题、困难和坎坷，它们以不同的面目出现，都为一个目的而来，就是帮助我们不断成长。请记住，人生没有什么过不去的坎儿，勇敢面对，在不久的未来，你一定会遇到更加优秀的自己。

4

被炒鱿鱼之日，也是职场新机遇开启时

我们都知道，就职企业发生变化无外乎主动离职或被动离职。

被动离职的发起方是企业，个人是被动接受一方，这就是所谓的"被炒鱿鱼"。虽然员工"被炒鱿鱼"已是职场上司空见惯的事情，但如果这件事发生在自己身上，我们一定会有一个面对、接受、适应和调整的过程。

在这个过程中，如果我们应对不当，我们会视"被炒"为一次人生重大打击，经历一段漫长的沮丧、受挫、自我否定、无所适从的情绪低落期；如果应对得当，我们可以迅速从以上那些负面感受中走出来，把"被炒"当作一次职业调整和发展的重要机遇，重整旗鼓，再战职场。

第一，被动离职帮你判断出你在企业的处境和未来

通常，被动离职的主要原因主要包括：

公司的财务状况不好，削减业务块，或按比例裁员；

公司因业务方向做转型，将不符合公司发展战略的业务部门裁撤；

公司为了提升业绩，将个人业绩排名靠后的一部分员工按百分比做减员安排。

无论是以上三种情形的哪一种，如果你被公司解除劳动合同了，不管你愿意还是不愿意，这个变化让你及时了解到，自己在该公司是没有前途的。这已经是不争的事实。要么你所在的业务单位属于公司的非战略重点，要么你的团队属于公司要甩掉的包袱，要么你已经在领导那里已经不被看好了……

你想想看，如果不是因为公司找到你谈离职，你在茫然不知的情况下，一直很努力，而公司已经不看好你或你所在的团队了，你在公司已经没有了光明的未来。

第二，公司帮你做出正确的决定

聘用关系原本就是企业和个人双方的事，通常来讲，评价或感觉不好不会是单方面的，也不会是一天两天的事情，在过去一段时间肯定已经有很多迹象了。比如，在一个部门内，你与上级关系不好，工作不被领导重视和认可，在以下一些地方都会有所体现：

业绩考核的打分低，工资的涨幅少，不被晋升；

部门内有好的机会或有好事不带上你；

对你采取漠视的态度，对你提出的建议不理睬、不采纳。

所以，很少有人在被谈离职之前，感觉是非常好的。但是，很多人即便公司环境已经很不理想，自我感觉也很糟糕了，但出于各种考虑或客观原因，也很难下决心选择主动辞职。

而在这个时候，企业提出解除劳动关系，在客观上是帮这个员工做出离开公司的决定，从更长远一些的员工职业发展的角度来讲，这的确是一个转折点和新机会的开始。

第三，公司支付报酬帮助你调整

根据劳动法，公司提出解除劳动合同，会支付相应的补偿金。而员工辞职就没有这部分收入了。从现实一点的角度，对于那些在一家公司工作时间比较长的员工来说，自己辞职就远不如被公司炒合适了。

如果你在现在的公司已经没有发展前途，而恰好在这时候，公司支付你一笔钱，你可以从繁忙的工作中抽出身来，好好休息一下，调整自己，同时从容地找到一份自己喜欢的工作，想想看，是不是一个很好的转折？

在这里，做两点特别提示：

1.在找新工作机会的过程中，招聘单位一定会问到你离职原因，有空档期的读者朋友，要特别准备好合理的解释，不要让错误的回答影响到面试结果。大家可以根据自己的情况，参考下面的答案：

公司业务调整，我所在的业务块被裁撤了；

我所在的业务团队，从北京搬到上海，我家在北京，因此选择留在北京发展；

我希望给自己一段时间集中提升自己的某一项知识或能力，比如英文口语能力，又不愿意因此影响到工作；

……

2.在离开原公司时，要提早为下一个工作机会的背景调查做好预案，比如和了解你能力和人品的HR部门同事或你的上级提早打好招呼，请他们帮忙，这样对于新公司的背调要求就有备无患了。

第四，在有发展机会的平台上发挥自己的能力

只有离开没有发展机会的工作，你才可能做出新的选择。

在寻找新的职业机会，直至开始新的工作之前，要认真总结自己在上一家企业的经验和教训，看看过往的自己，哪些地方做得好，哪些地方可以做得更好。带着这些宝贵的财富，开始在有发展前途的新平台上发挥自己的能力。

5

变失误为成功助力

对于在职场中的绝大多人来讲，他们的职业生涯会有三十年左右。在这三十多年当中，几乎所有人在工作中都有过失误，或大或小，或多或少。没有过失误的完美之人在现实中根本不存在。

没有人喜欢在工作中犯错。但是，那些在事业不断进步，逐渐走向成功的人，并不是在工作中畏首畏尾、害怕犯错的人，他们在工作中，勇于尝试，积极进取。越是有这种态度和干劲，工作中出现失误的可能性就越大。但是，使他们变得越来越强大的一个重要因素却是：他们在面对自己工作失误时的正确态度和积极行为。他们已经把失误和差错转化为走向成功的动力。

那么，如何让工作中的失误和差错成为你职业发展的助力呢？

1. 直面错误，不刻意掩饰

对于任何事情，态度都是第一位的。

没有人在工作中会愿意出现失误，或故意去犯错误。但失误一旦出现，无论你是否愿意，是否承认，它作为事实就已经发生并存在了。

这个时候，正确的态度是：直面错误，不刻意掩饰，坦然承认，并积极改正。而错误的态度则是：不愿面对自己所犯错误，想方设法去加以掩饰，错上加错。

选择前者不仅为你赢得同事、客户、上下级的理解和尊重，更重要的是，你会迅速把时间和精力转移到总结经验和弥补损失上，从错误中快速成长。而选择后者，你将自己的时间精力花在掩盖错误上，不仅延误了弥补错误的时机，令错误带来的损失越来越大，同时，使你失掉了一个真正的学习和成长的机会，并会给你带来比错误本身还负面的影响。

2. 即刻改正，努力弥补

在直面和承认错误的基础上，要即刻发现导致或造成错误的原因，加以改正。只有找到真正的原因，才能对症下药，彻底解决问题。

当找到错误的原因，并加以改正后，就要对错误所造成的损失做评估和处理，努力弥补或减少因自己工作失误所带来的损失。

比如，一位总裁助理在准备给各部门下发的当季度报告中，因自己的粗心将一个上季度的数据附在了报告里未做更新。该助理在发现后，要首先向各部门负责人诚恳致歉，同时将已经下发的报告一一收回，在更新了相关的数据后再重新下发给各部门负责人。这才是一种正确面对和积极处理工作中失误的态度及方式。

在这里，有的读者朋友会有一个疑问：我工作中出现了差错，是否一定向上级主管汇报呢？这个尺度该如何把握呢？对此，我的建议是：

首先，要对已经出现的差错做出评判，解决这个问题是否在你的能力以外？如果答案为"是"，你就一定要及时向主管汇报，通过团队的力量，快速解决问题，弥补损失，尽量减少对公司业务的影响。

其次，如果出现的差错不严重或者比较轻微，你通过自己的能力完全可以解决问题，你可以先采取相应的举措做修正和弥补，不用立刻去找你的主管，引起主管不必要的担心。

但要适时直接将你的差错和处理过程，简要如实地向领导做汇报，听取领导对你判断和处理措施的评价。这样做可以避免领导从别的渠道听到你出了差错，还没有让他及时知晓，对你产生引起不必要的误解。

3. 认真总结，积极改进

在对因自己所犯错误造成的损失进行弥补的基础上，接下来要做的是，通过复盘，认真总结，积极改正。具体是指：

要厘清为什么会犯这个错误或出现失误？是流程问题？自己的态度问题？时间和精力分配问题？还是自己的经验、能力或知识有欠缺？

针对以上问题采取相应的改进措施，比如优化流程、加强管控、调整自己的工作态度、工作中做好计划、管理好时间和精力，避免疏漏，以及通过学习请教提升自己的能力，补充相应知识。

只有不断这样去做，才可以防止同样失误或问题再次发生。

4. 做好分享，共同成长

在职场上，进步的两大助力一个是成功经验，另一个就是错误教训。如果在工作中，将自己的成功经验和错误教训做总结，并与团队内的同事做分享，也将是自己进步和能力提升的重要步骤。

我们的成功和失误，很多时候是与其他同事相关的，我们所犯的错误，其他同事也有可能会犯，我们总结并分享出来，一方面可以令其他同事少走弯路，获得宝贵的工作经验；另一方面，在分享的过程中，其他同事也会给你很多有价值的反馈和分享，对你的提升也将大有帮助。

如果你已经是一个团队负责人，团队的共同成长是你工作职责的一部分，通过你的分享，可以令整个团队的人获益，他们的不断成长也是你持续进步的重要保障。

总之，人非圣贤孰能无过，工作中不要害怕犯错误，只要我们以正确态度积极应对，工作中的那些错误，就会成为我们成长过程中的重要助力。

第九章
CHAPTER 9

如何跳槽，才能实现利益最大化

1

当这4种情况发生,必须跳槽

  我的团队在韩国曾经有一位很能干的同事,一天,她在电话中提出辞职,作为老板,我的第一反应是不舍,花了很长时间,说了很多话,劝她不要离开,最后,她问我:"如果是你,公司现在这个状况,你会怎么选?"

  当时公司在韩国的业务一直在萎缩,员工人数不断减少,有员工离职也不再招新人,

  公司基本处在维持状态。如果我是她,我应该和她做出的选择是一样的。

  商业社会,物竞天择,适者生存。很多公司由于对市场没有做出正确的判断,致使业务走下坡路,甚至倒闭。遇到这种情况,建议小伙伴们,首先和老板,或者可以帮助你获得有用信息的人进行沟通,在掌握了全面、真实信息的基础上,做出有利于自己职业发展的正确决定。毕

竟，在一家业务不断萎缩的公司，即使你再努力工作，能力再强，除非强到可以拯救整个公司，否则，也是没有发展前途的。

跳槽是一个职场工具，它可以在对的时候，帮助到我们的职业发展。除了公司业务萎缩，还有4种情况，小伙伴们也要认真对待。

1. 公司内部确实没有上升空间

首先要看看，这种状况是短期，还是长期。

如果是短期，不要轻易跳槽，特别是，你已经在一家公司获得了一定程度的认可，最明显的体现是，吃肉时老板想着你，工作起来也常常找到唯我独尊的自信，团队里的小伙伴们也可以一起愉快玩耍。

如果长期没有上升空间，而你的职业发展确实需要再上一个台阶时，可以慎重选择去看看公司以外的机会。比如，有的组织结构非常扁平，20～25人配一个管理岗，周围一群资历比自己还老的前辈。俗话说得好，狼多肉少，神仙也苦恼。

无论去留，采取行动之前，最好和自己的老板谈一谈，目的是，从他那里获得进一步的信息，有时候，很多信息，员工是看不到的，通过和老板的沟通，你可以全面了解自己在公司的位置，从而做出正确的判断。

2. 你的工作不是公司的核心业务

某公司有两块业务，第一，向银行提供金融设备，收入占公司总营业额的97%。第二，向酒店提供管理系统，这部分收入占公司总营业额的3%。

如果你是酒店团队的员工，加入之日起，就要着手搞清楚这块业务在这家公司是否有发展前途，因为，业务是否有发展前途，和公司的策略、投入、产品、服务、市场、客户以及竞争对手都有非常密切的关系，这些因素会直接影响到你的业绩和发展前途，甚至比你的个人努力所起到的作用还要大。

处在这类工作岗位上的小伙伴，在确定上述因素不利于自己的职业发展时，要么安排自己在公司内部转岗，要么选择以酒店为核心业务的公司作为自己的下一个发展平台。为什么呢？

首先，常年业绩不好，肯定影响个人的收入；

其次，常年业绩不好，公司也只会批评员工，使小伙伴的自信心受到影响；

再次，常年业绩不好，就算离开现在的公司，也找不到太好的工作，因为势利的HR和面试官喜欢业绩好的候选人，他们的逻辑是，业绩好代表着候选人的工作能力强、客户资源好以及可参考的成功经验多。

3. 一直没有自我提升和被提升

这里的被提升就是指员工的责任范围更大，职位更高。

而自我提升指的是自身知识、技能和技巧的提高。比如，在工作中，你是否有机会参加培训，学习新的知识，获得新的技能。比如，你是否参加一些新的业务项目，在这些项目中担任不同的角色，这些角色对于你来讲是新的尝试。再如，公司业务一直在发展，你所负责的工作内容和范围，是否一直在变化。这些提升是在日常工作中，潜移默化发生的，有时不容易被注意到，但它们正是公司培养员工最重要的手段，员工也正是在这种潜移默化中逐渐成长，变得越来越有竞争力。

如果你的工作中就没有这些提升机会，而且通过公司内部转岗也不可能有所改善，甚至没有转岗的可能，那你肯定需要带薪去公司外看看适合自己发展的机会了。

4. 和老板关系不好

这里的老板，通常指的是直接老板，或直接老板的老板。

这个很容易理解，和老板关系不好，肯定有很多原因，比如你和老板就是不对付，各方面存在很大差异，价值观、做事的方式方法、对于各种问题的态度，等等。再如，老板让你感觉到，不被认可，做什么都不对，严重影响自信心，做事更没有干劲。

这种情况下，在采取实质行动之前，建议你还是和老板好好谈一谈，这可以帮助你了解他的真实想法，做出准确的判断，"和老板关系不好"只是你单方面的看法，还是确有其事。

如果是事实，而且通过努力很难改善，跳槽是一个不错的选择。

跳槽是个很重要的决定，一定要慎重。最好听听职场前辈们的意见，因为你今天的苦恼，他们都经历过，也知道各种选择的结果，就算具体情况不完全一样，他们的分享也是非常有参考价值的。

2

打死不能跳槽的5种情况

我认识一位互联网行业的小伙伴，工作非常努力，也很优秀，他毕业后的前三年换了三家公司，每一次跳槽，都是为了追求更好的职业发展，只是，过了不久就会发现，新工作和自己想象的有很大的差距，第四年，他又回到自己毕业后的第一家公司，一直干到现在。回忆那三年的经历，他后悔花了很多时间在一些无意义的重复上面。

跳槽是一件有风险的事儿，做决定前一定要慎重，特别是下面5种情况，经常会让小伙伴们悔不当初，不仅白白浪费了自己的宝贵青春，还让自己的职业发展受到负面影响。

1. 裸辞

找工作是需要时间的，不同的岗位需要的时间不同，而且，招聘也有淡季和旺季之分。经济上升期，工作机会比较多，找到一份好工作，平均需要6个月左右；在经济衰退期，很多公司都在裁人，本身工作机会就少，还想找个好工作，那就更难了。

有工作和没有工作，找工作时的心态肯定不一样。没工作没收入，没钱交房租，没钱吃饭，只能是工作挑你，反之，"骑驴找马"，那心情肯定是不一样的。

另外，面试官一定会问离职原因，裸辞比较容易引发联想，没必要给自己再就业增添麻烦。

很多裸辞实质上是为了逃避问题。问题之所以是问题，就是因为我们没有解决它的经验，如果在初遇时，可以控制情绪，虚心学习，想办法解决掉这些问题，余生，它只能成为我们的竞争实力，否则，躲开的问题，下次还会卷土重来。

2. 忽视了公司内部的发展机会，或者拒绝了老板掏心掏肺的诚意挽留

很多小伙伴跳槽是为了追求职业发展，增加收入。这个没有问题，需要注意的是，咱们去市场上寻找发展机会的同时，也要紧盯公司内部的机会。如果公司内部可以提供发展机会，应该积极争取，因为"做生不如做熟"，为什么这么说呢？

（1）很多事情的获得是通过时间的累积，比如，老板的认可、客户的信任，等等。如果现在的公司可以提供合适的发展机会，就没有必要再去浪费自己的时间，去一家新公司重新建立这些影响职业发展的必备基础。

（2）任何变化都有风险，跳槽尤其是。有些工作机会听着很好，当你身处其中的时候，就需要面对很多未知的问题，有些结果不是靠自己的努力就可以左右的，比如，公司的整体业务状况、和老板的关系好坏，等等。

同理，如果你提出辞职，平日高高在上的老板，掏心掏肺地求你留下来，一定程度地满足了你的诉求，或者，答应在一段时间内满足你的诉求，这代表着公司对你能力的认可，可遇不可求，应该考虑留下来。

3. 对业绩考核的结果，或者工资涨幅不满

如果遇到这种问题，不吃亏的做法是，和老板开诚布公地沟通，向老板反馈自己的意见，同时，认真听取老板的理由，这些补充信息可以帮助小伙伴们做出正确的决定。

天底下老板们的想法都一样，很现实，他需要对整个团队负责，业绩考核和工资增长是管理工具，用于对每一个人，加起来也就是整个团队的表现做出公平的反馈，同时，确保将整个团队的士气维持在最佳的战斗状态。

职业发展是一个长期且整体的工程，不在一时和一事，面对跳槽这种问题，一定要认真全面地考察与工作相关的所有重要因素，比如，公司的经营状况，工作岗位是否符合自己职业发展现阶段的需求，工资水平在市场上是否有竞争力，和老板的关系，你的工作是否是团队的核心业务，等等，搞清楚整体状况，知道自己所处的精准位置后，再作决定，不要让一时的情绪控制了你的思想，导致错误的选择，俗话说得好，情绪激动，智商为零。

4. 和老板的关系不好

跳槽如果是因为看老板不顺眼，或者和老板关系不好，很正常。但如果和这份工作相关的其他因素都令你满意，那么，在跳槽之前，你可以给自己一段时间，尝试去解决这个问题，比如，改善和老板的关系，

或者在公司内部转岗。

和老板建立良好的关系是职场必修课，掌握得好坏会直接影响到打工人的职业发展，因此，当我们第一次遇到这个问题时，一定要认真对待，越早越好地掌握这个本领对我们的职业发展越有利。

对于老板来讲，每一位员工都非常重要，因为老板的业绩就是每一位员工业绩的总和。除非是阴险地挤对某位员工辞职，一般情况下，就算社恐的老板也希望和自己的员工之间保持愉快的工作关系。

5. 在一家公司工作时间不到3年

如果你在一家公司连续工作的时间不到3年，此时最好不要选择跳槽，因为：

（1）从找工作的角度

这会影响到候选人的职场竞争力。一个人在一家公司工作时间不到3年，很容易被HR解读为：

没有做出什么工作成绩，因为成绩的取得是需要时间的；

公司对你不太满意，或者你对公司不满意。原因很多，但，对于候选人来讲，影响都不是太正面。

（2）从个人发展的角度

加入一家公司，开始的一段时间需要打基础，像了解公司、工作、客户、老板，等等，接下来才开始真正有所作为，为什么要不断地浪费自己宝贵的青春去一家又一家公司重复这个打基础呢？

跳槽是一个职场工具，只有和我们的职业规划有机地结合在一起，正确地使用，它才会对我们的职业发展起到积极正面的影响。

3

离职时,领导不让走怎么办

公司不喜欢高离职率,特别不喜欢听话又能干的小伙伴离开公司,拖着不办手续,行为虽然简单粗暴,但确实是这种心情的具体表现。

员工离职会增加公司的运营成本,包括安排人手临时接替离职人员的工作,出钱出人再去找新人,新人来了需要时间培训、熟悉业务,新人的能力是否能够达到要求又都不确定,等等。

如果老板留人,小伙伴们如何判断自己应该留下,还是傲娇地转身离开呢?

第一,如果领导想留人,一般情况下,会针对员工的诉求,拿出一目了然的态度,基本围绕两个点,钱和前途,绝不会让员工产生任何似是而非的猜测。

如果公司真的拿出方案,一定程度上满足了咱们的诉求,一定要慎重考虑。因为,员工的职业生涯是否走得成功和顺利,最重要的是,公司是否认可和信任你,而建立认可和信任是需要时间、双方的努力和运气的。换工作其实是一个冒险行为,在新的公司能否成功,有很多因素影响,有些因素是员工不可控的。

第二,员工离职,公司领导只说些无关痛痒的片汤话,不拿出任何真材实料，这就是在委婉地告诉你，可以去追求更好的前途了。这种情况下，你可以义无反顾收拾东西走人了。

一般情况下，相对于升职，涨工资是比较容易满足的诉求，升职受很多因素影响，比如团队其他员工的情况、组织架构，等等，人事调整是需要时间的，不可能为某一个人打乱整个团队的安排，很多时候，老板也无能为力。

对于员工辞职经常会遇到问题的公司，辞职的小伙伴们一定要做好下面几件事，保证自己的利益最大化。

1. 辞职留好证据

辞职要以书面的形式正式提出，可以是纸质，也可以是电子邮件的形式。要结合所在公司具体情况。

如果需要，在提交书面辞职信的基础上，还可以当面向自己的直属领导或者HR口头提出辞职，并录音为证。

一般的劳动合同都会约定，员工辞职需要提前一个月提出，因此在书面辞职信上，需要写清楚辞职和离职精确日期，以确保自己的离职时间有所保障。

2. 除了劳动合同

如果你和公司之间，还有其他书面约定限制劳动关系的解除，同样需要慎重对待，要么按照约定执行，要么，通过协商和公司达成一致。比如，有的公司出钱送员工上MBA前，要求员工签订绑定协议，规定员工必须完成几年的服务，否则就有违约风险要承担。

3. 正式提出辞职前，注意安排好下面几件事

（1）尽量安排在年度绩效考核和涨工资之后辞职

一方面，绩效考核和涨工资的结果，直接体现老板对员工的态度，如果你已经获得了老板的认可，就没有必要换工作。另一方面，新工资会帮助你拿到更好的offer。

（2）拿到年终奖和13薪

很多公司规定，"若员工在第13个月工资和年终奖发放时已经离职，或提出辞职，视作员工自动放弃这部分收入。"因此，准备辞职的小伙伴，一定要看清楚劳动合同，拿捏好节奏，避免不必要的经济损失。

（3）结清业务费用

如果小伙伴为公司垫付了业务费用，最好在提出辞职前和公司结算清楚，不要让它成为不良公司制约自己正常离职的工具。

（4）兑现应付未付的薪酬福利

比如大部分公司规定，股票期权兑付的条件之一是，兑付时，持有人必须是公司的员工，且未提出辞职。为了避免麻烦，最好在兑付后再提辞职。

4. 管理好和老板的关系

即使老板不希望你离开，从某种角度说，也是对你能力的认可，没有必要因为这个原因和老板翻脸，好好沟通，认真倾听老板的诉求，找出大家都能接受的方案。山不转水转，谁也不能保证今后再不相见。比

如，员工找工作，刚好面试官认识候选人的前老板，私下找他作背调。再如，公司有不错的工作机会，你希望应聘，这时，前老板的评价就关键了。再如，有商业机会，需要双方合作，良好的关系更有助于项目的顺利推进，等等，这些都是职场上最常见的情况。俗话说得好，多个朋友多条路，多个冤家多道墙。

如果真的遇到不讲理的领导和公司，怎么都说不通，就是不配合办理离职手续，小伙伴们可以到公司所在地劳动仲裁提起诉讼，通过法律的手段达到离职的目的。

4

在一家公司待够5-10年的人，最后都怎么样了

大部分跨国公司，服务期在10年以上的人基本占员工总数的20%。相对于选择跳槽，那些长期稳定在一家公司的人都过得怎么样呢？我们举4个典型的例子，都是真人真事，只是隐去了公司和人物的真实姓名。

他们中的一部分人成了职业经理人。

- 比如我，是以HR经理的角色加入N公司的，支持这家公司在中国的销售部。四年以后，组织结构调整，我被提升为N公司中国的HR总监，负责包括销售、服务、研发及生产等所有部门的人力资源业务。

再后来，平均每2～3年，公司都会将我提升到一个新的岗位，扩大我的职责范围，使我有机会学习新东西，获取新的工作经验，提升市场竞争力。

- Martin和我同年加入N公司，那时，他是一名销售，他在N公司也服务了10年以上。

在他加入公司的第五年，因其突出的表现，公司安排他去美国学习MBA，回国后，将他安排在不同的管理岗位，直至负责N公司大中华区的销售业务。

另外一部分人走了专业路线。

- Lucy在一家英国公司任职已经是第10年了，公司的业务和规模在这些年有一定程度的扩大，她的领导，也就是公司的CFO，走马灯一样换，Lucy的职位虽然没有变化，但她对公司及业务的熟悉程度、她的稳定，使她成为财务部的核心员工，也就是公司想留住的人。

- Peter在A公司作为售后支持工程师已经快15年了，这是一家世界闻名的飞机制造企业，Peter是A公司全球认证的高级工程师，他所掌握技术的全面度，把他送进A公司全球前50名工程师。

为什么这些稳定的人能过得不错呢？

因为熟能生巧。一件事做久了，对这件事，包括产品、客户、市场，以及整个工作流程自然会比较熟，把控能力就会比较强，相对于新手，业绩就会比较好。

老板的业绩是员工业绩的总和，老板肯定喜欢业绩好，遇到问题自己就能解决，根本不用老板操心的人。

这么好的员工，老板都会想方设法地给他们创造机会在公司愉快地发展下去。

那么，作为打工人的我们，如何获得一份稳定的工作，让自己轻松地挣钱，快乐地成长呢？

1. 找一家业务好且蓬勃发展的公司

我加入N公司时，正是公司在中国高速发展的阶段，组织也随之快速增长，在这个阶段，公司需要大量的人才，只要你能干且肯干，就一定有发展前途，很多和我一样的年轻人，都误打误撞地占到了这块便宜。

2. 公司有空间让你发展

在你找工作的时候，一定要搞清楚，你所选择的公司和岗位，不仅在当下，而且在未来，可以为你提供发展机会。问问公司的组织结构，搞清楚你的岗位在组织结构的位置，以及你未来的上升空间，这也是一个面试过程中的加分题。

3. 新工作需要匹配你的生活计划

比如，你计划在未来1~2年结婚生子，在这个过程中，双方父母也不可能提供帮助，夫妻就需要安排好双方的工作，有一个配合，避免双方都在高度紧张的工作岗位上，否则，不仅使两个人都精疲力竭，工作生活质量下降，还会因此产生家庭矛盾。

4. 企业文化与你的价值观相一致

价值观听起来有点儿虚，但它确实会左右我们每一天的心情。比如，你内心追求的是工作和生活平衡，向往朝九晚五，而你加入一家初创公司，白天开会，一到下班时间，老板就毫无悬念地找你有事儿，周末和节假日你敢不回公司加班，老板就敢给你点颜色看看，这种差异下，不可能一起长期地愉快玩耍。

如果说，上面四个点需要小伙伴们在找工作阶段擦亮双眼的话，下面两件事就要在平常日子里下功夫了。

5. 努力获得老板的认可

一定要管理好和老板的关系，这是决定你在一家公司是否开心顺利、稳定发展最重要的因素之一。虽说个人发展靠的是个人的能力和努力，但是，没有老板的认可，结果就会大打折扣，因为，很多时候，老板的认可意味着资源的倾斜，比如，员工的提升、项目的分配、业绩的评估，等等，一定是老板说了算。

6. 工资水平与市场持平

大部分人，食的是人间烟火，打工的主要目的之一就是为了钱，长期的钱不到位，心里肯定不高兴，不高兴了肯定不能稳定。而在一家公司时间长了，工资的水平就会受到一定程度的影响。市场信息可以通过多种渠道获得，比如，猎头公司、市场上的工作机会、同学朋友间的互通有无，等等，如果你的工资低于市场水平，不要花超过5分钟的时间不开心，也不要单单因为这个原因选择跳槽，找个合适的时间和顶头上司聊一下，一般情况下，只要他认为你值得，老板都会在一定程度上让员工看到自己的诚意。

当然，在职场上打工，死磕一家公司也好，跳槽也罢，没有绝对的好，也没有绝对的不好，最重要的是，心里一定要明白，自己究竟想要什么，死磕有死磕的理由，跳槽有跳槽的道理，设立好自己的目标，做好职业规划，让自己的每一步，都走得扎扎实实。做到这些点，你的职场之路，就会越走越顺利，越走越成功。

结语

亲爱的读者朋友：

首先，非常感谢您利用宝贵的时间阅读这本职场笔记！

在这本笔记当中，我们对职场中经常遇到的问题做了分类、归纳，提出了相关建议，希望它能为您的职业生涯助力。

我们知道，每一个职场人所遇到的问题都是相当具体的，问题发生时的条件、环境和各种因素可以说是千变万化的，不可能在书中逐一涉及。因此，我们诚邀您关注我们在知乎和视频号的个人账号"弘如"。

在那里，您可以就您所遇到的具体问题随时向我们提问，我们将尽全力解答您的疑问，分享我们的经验和建议，成为您的职场伙伴，并与您共同成长进步。

非常高兴通过这本书与您结缘相识，期待与您在"弘如"的相遇和互动！